Antena satelital
Taza de té caliente
OFF
ON
Rendy
Pantalla de plasma
Gran faro para la noche
Defensa para amerizajes

¡QUÉ AVENTURA, SÚPER CLAUS!

El mundo de Súper Claus
ha sido creado por Roberta Bianchi *y* Eugenia Dami
El personaje de Súper Claus
pertenece a Roberta Bianchi, Eugenia Dami *y* Giuseppe Ferrario

Producido por Foglibianchi
Asesoría editorial: Matteo Faglia
Dirección artística: Clementina Coscera
Textos: Silvia Giani
Dibujos: Giuseppe Ferrario
Color: Daniel Conci

Agradecimientos especiales a Emmanuela Iacchia por el asesoramiento psicológico en los temas consultados.

Título original: *Che avventure Super Claus!*

www.giunti.superclaus.it

Traducción: Sara Cano Fernández

ISBN: 978-84-8483-757-2
Depósito legal: M-29215-2014
EDICIONES DEL LABERINTO, S. L.
www.edicioneslaberinto.es
Impreso en España

¡QUÉ AVENTURA, SÚPER CLAUS!

LABERINTO 25 ANIVERSARIO

AQUEL DÍA DE DICIEMBRE...

Aquel día de diciembre, el Polo Norte estaba tan oscuro que parecía que fuera de noche y hacía frío; frío no, un frío de perros: los copos de nieve volaban en todas direcciones. El viento soplaba a más no poder sobre los páramos congelados, sobre las morsas, que estaban juntitas, juntitas, para darse calor y sobre las cuevas de los osos que hibernaban.

En el aire no se escuchaba nada que no fuera el ruido del viento, el batir de los dientes que castañeteaban y los ronquidos de los osos... ¿o quizá no?

Abriendo bien las orejas, de un lugar muy, muy lejano se escuchaba un extraño *TOC TOC RRRANG.* Acercándose un poco en aquella dirección, se podían escuchar algunos *ZZZANG*, y acercándose un poco más todavía... efectivamente, un coro de voces.

Atornilla, hincha, vamos, date vidilla,
esta bicicleta es una maravilla. *¡Eeeoohhh!*
cepilla, corta, alisa, date prisa
para terminar este juego de risa. *¡Eeeoohhh!*
La laaa la, somos elfos, somos buena gente.
Que nos ocurra un accidente,
si no somos eficientes
Eeeoohhh la laaa la.

¡Pues claro! Diciembre, nieve, Polo Norte... ¡eran los elfos de Papá Noel, que trabajaban en su fantástica Fábrica de Juguetes!

Sus voces melodiosas y entonadas provenían de un gran edificio de madera, allá a lo lejos.

A través de las ventanas iluminadas se veían pequeñas siluetas en movimiento, de arriba para abajo, de acá para allá. Todo era un vaivén frenético de hombrecillos hacendosos y tenazas, serruchos, martillos, papeles de colores y paquetes por doquier.

De repente, sin embargo...

UUUeeeeeeeeee... UUUeeeeeeeeee...

El agudo sonido de una sirena interrumpió aquella atmósfera mágica y laboriosa.

A aquella señal, todos los elfos se reunieron en la sala del comedor y se pusieron a hablar muy bajito entre ellos.

—¡Mirad estos! —dijo uno, exhibiendo el frondoso par de bigotes negros con forma de manillar de bicicleta que le enmarcaba el rostro regordete.

—¡Oooh! —exclamaron a coro los elfos, admirando el nuevo corte de bigotes de su compañero.

Pero un segundo y aún más fuerte *«¡Ooohhh!»* estalló cuando un elfo les mostró sus bigotes peinados hacia arriba que le daban un aire de pintor.

El elfo se estaba acariciando los brillantes mostachos cuando alguien, enarbolando un increíble par de bigotes rubios, frondosos y largos como los de un vikingo, exclamó:

—¡Chst! ¡Menudencias! Esos ridículos bigotitos no tienen nada que hacer frente a... ¡estos!

Y, a juzgar por los *«¡OOOHHH!»* generalizados, este último debía de ser el elfo con el par de bigotes más extraordinario de todos.

Entonces, la puerta se abrió ruidosamente y un vozarrón se unió a las vocecillas de los elfos...

—¡Ho, ho, ho! Pero ¿qué está pasando aquí? ¿Quién ha hecho sirenar el sonido... quiero decir... quién ha hecho sonar la sirena? ¿Se ha incendiado algo? ¿Alguna riña de elfas?

Papá Noel acababa de entrar corriendo en la sala del comedor, jadeante y preocupadísimo.

—Pero qué incendio ni qué riña... Tranquilo, jefe. ¿No se acuerda? Estamos preparando el concurso anual del EBBR.

—¡Salud! —exclamó Papá Noel.

—No, no ha sido un estornudo, jefe. Estoy hablando del concurso que todos los años celebramos los elfos entre nosotros.

—¿EBBR? —repitió Papá Noel, perplejo, en voz alta.

—Sí, el concurso del Elfo del Bigote Bonito y Refinado. Ya sabe que a los elfos nos encanta cuidar y exhibir nuestros bigotes. Para nosotros, ¡este concurso es como el Oscar de los Bigotes!

Aquello lo explicó a la oreja izquierda de Papá Noel un elfo con grandes bigotes en forma de tirabuzón.

—¡Es el Nobel de los Bigotes! —gritó entonces un elfo delgaducho con bigotes en herradura a la oreja derecha de Papá Noel.

—¡Sí! ¡Es el premio de todos los premios del Universo del Bigote! —gritaron al unísono ambos elfos en las dos orejas de Papá Noel.

—Por todos los renos resfriados del Polo Norte, he de reconocer que se me había olvidado... De todas maneras, es hora de volver al trabajo. La Gran Noche Mágica se acerca, niños de todo el mundo sueñan ya con sus regalos... *¡Ho, ho, ho,* no querría decepcionarlos! Ya pensaréis en el Bigote Bonito y Refinado del Año y del Universo cuando hayamos terminado.

—Pero, señor, nosotros ya hemos TERMINADO, ¡por eso hemos hecho sonar la sirena! —dijo con orgullo el jefe de los elfos, Flock.

—No, no, no... y además... no, es imposible. ¿TODOS los regalos para TODOS los niños? No me lo puedo creer, ¡lo habéis deprisa demasiado hecho! Quiero decir... ¡lo habéis hecho demasiado deprisa!

—Bueno, señor, es mérito de la tecnología. Son nuevos tiempos, debería saberlo... El atornillador ultrasónico M33 que usamos desde el año pasado reduce a la mitad el trabajo de la cadena de ensamblaje, por no hablar del deshormador de patines o del alisador de precisión, o de lo rápido que es el generador de lazos automático.

—Vale, vale, ya basta, lo he entendido. Entonces, trabajo terminado.

—¡Exacto, señor!

—¿Estáis seguros, seguros, seguros de que no os habéis olvidado de NINGÚN niño?

—¡Seguramente seguros, señor!

—Y, por supuesto, ¿no os habréis olvidado de NINGUNA niña?

—¡Por supuesto, señor!

—¿Todo empaquetado?

—¡Todo!

—¿Con lazos a juego con el papel de regalo?

—¡Lazos a juego, señor!

—Entonces... eh... ¿habéis limpiado el almacén?

—¡Limpio y perfumado, señor!

—¿Habéis dado de comer a los renos?

—¡Renos alimentados, señor! Ya le digo que no debe preocuparse de nada. ¡HEMOS PENSADO EN TODO! Todavía llegará alguna cartita, lo sabemos... las últimas peticiones de los niños rezagados, pasa todos los años, pero eso también lo tenemos previsto. Así que ahora, entonces, usted váyase tranquilo, diviértase un rato...

—¡Por todas las morsas a cuadros del Polo Norte, queridos elfos míos... qué eficiencia! —los felicitó

EL NOMBRE CIENTÍFICO DE LA MORSA, *ODOBENUS ROSMARUS*, SIGNIFICA «CABALLO MARINO QUE CAMINA SOBRE LOS DIENTES».

Papá Noel, añadiendo en voz baja para que no le escucharan—: ¡Menuda tropa! *¡Ho, ho, ho,* entonces os deseo un buen descanso, id a vuestras habitaciones a dormir y a relajaros, os lo habéis ganado!

—No, no, jefe. ¡Nada de dormir! —Flock, el jefe de los elfos, estaba emocionadísimo—. ¡Vamos, chicos! ¡Ahora todos a preparar el concurso de la Elfa Barbuda!

Papá Noel salió al fin de la sala del comedor y, lentamente, se dirigió hacia el gran almacén. Nada que objetar, efectivamente; sobre el trineo ya había una montaña de regalos preparada: el último paquete en la cima casi rozaba el techo. Era tan alta que los travesaños, desde allí abajo, parecían mondadientes.

Iba de atrás adelante, de adelante atrás, con los ojos fijos en el suelo, alisándose la barba nívea con la mano.

—*Mmm,* caramba —se rascó levemente la prominente panza—. No me puedo quejar de nada. Está

todo preparado, todo listo. Ya solo me queda esperar la Gran Noche Mágica, en la que efectuaré mi Gran Vuelo Mágico y no quedará ni uno de toda esta montaña de paquetes. Sin embargo... no sé, tanto orden...

En la cabeza de Papá Noel, unas vocecillas molestas no dejaban de repetir: «Hemos pensado en todo», «Segurísimo, trabajo terminado, repito, ter-mi-na-do», «Todo limpio», «Diviértase un poco».

—¡Pero qué divertirse ni qué divertirse! —exclamó en voz alta Papá Noel para desahogarse—. A mí lo que me divierte es preparar juguetes, pintar de negro las naricillas de los osos de peluche, hinchar los balones de fútbol, *ho, ho, ho*... pegar las crines de los caballitos balancines... Me gusta imaginarme las caritas de los niños cuando abren SU regalo... ¡ESO es lo que quiero hacer, eso es lo que me divierte!

MORSAS Y ALMEJAS

Papá Noel daba vueltas por el gran almacén, inmerso en sus sombríos pensamientos, cuando, por el rabillo del ojo, le pareció ver que algo se movía muy rápido detrás del portón entrecerrado de los establos.

Abrió muy despacito, entró con pasos sigilosos, encendió las luces y...

—¡Oh, perdonadme, qué tonto he sido! Estabais durmiendo y yo... eh... ¿os he despertado?

Nueve pares de ojos brillantes y somnolientos se clavaban en él con una mirada inquisitiva, aunque, en realidad, parecían un poco molestos.

—Ay, mis queridos amigos —murmuró en voz baja Papá Noel—, lo siento mucho, de verdad. Ya me voy... dormid tranquilos.

Cuando apagó la luz, los párpados de sus nueve renos ya se estaban cerrando.

De puntillas, Papá Noel les pasó revista a todos, les dedicó una leve caricia y, a cada uno, un pensamiento silencioso.

—Buenas noches, Rodolfo de la nariz roja, dormido junto a tus inseparables amigos, Rayo y Trueno. Buenas noches a vosotros también, los rapidísimos Cometa, Acróbata y Bromista. Y a ti, Bailarín, que duermes plácidamente junto a Cupido y Alegre. Y a ti también, *mmm,* a ti... ¿pero tú quién...? —se puso a contar con los dedos y volvió a contar una, dos, tres veces, hasta que...—. ¡*Ahhhh,* por la escoba de la Befana que vuela por el Polo Norte, yo tengo un dedo de más o... aquí hay diez renos!

—Calla, calla, por favor te lo pido. ¿Quieres que se vuelvan a despertar?

Una débil vocecilla surgió de un pequeño amasijo peludo entre las sombras.

—Hola, soy Rendy.

—Hola, yo soy Papá No... ¡Eh, espera! ¿Pero qué estás diciendo? ¡Sal inmediatamente de ahí!

Cuando estuvieron de vuelta en el gran almacén, Papá Noel cerró el portón de madera a sus espaldas. Frente a él estaba Rendy.

Papá Noel escudriñó al décimo reno enarcando una gruesa y frondosa ceja blanca.

—Vamos a ver, ¿y tú quién eres? ¿Qué estabas haciendo ahí dentro? ¿De dónde has salido? ¡¿No serás por casualidad un ladrón de juguetes?!

—¡Eso no lo digas ni en broma! ¡Yo soy Rendy, el reno de repuesto de tu trineo!

—¡Ah, sí, claro! Mi... ¿¿¿qué??? No digas tonterías... ¡Pero si los renos no se pinchan!

—¡Claro que no, jefe! Pero siempre puede pasar que un reno se resfríe, o que suceda un acciden-

EL RENO RODOLFO, ADEMÁS DE SABER VOLAR, «ENCIENDE LA NARIZ» CUANDO SE EMOCIONA... E ILUMINA EL CAMINO A PAPÁ NOEL.

te, ¡o que los renos oficiales se pongan en huelga...! ¡Ahí es donde entro yo en escena, el joven y vigoroso sustituto de los renos que falten!

—Eh... entiendo, entiendo... Pero, ahora, dime... —el asunto empezaba a interesarle cada vez más, también porque, él, de Rendy, no se acordaba en absoluto—. ¿Exactamente cuántas veces has tenido que sustituir a uno de los renos de mi trineo?

—Pues... a ver... me parece que... —pasaron unos cuantos minutos y Papá Noel empezaba a perder la paciencia cuando, finalmente—. ¡Ya, ya lo tengo! ¡Cero! ¡La respuesta es cero!

—¡¿Cero?! Entonces, ¿me estás diciendo que nunca has sustituido a nadie? —preguntó, asombrado, Papá Noel.

Los dulces ojos color avellana del reno se abrieron de par en par con gesto tierno. Rendy asintió con un movimiento de cabeza.

—¡Por eso no me acordaba de ti! ¡No te había visto nunca! Mira, perdóname, pero pensaba que me había quedado tonto del todo... Aunque, si lo piensas, es raro. ¿Cómo puede ser que no te haya visto nunca por ningún sitio, ni siquiera pastando con los demás renos?

—No es para nada raro, te lo aseguro —explicó Rendy. Luego, con un tono lacrimoso que a punto estuvo de conmover a Papá Noel, añadió—: Los nueve renos, los oficiales, no me quieren ni ver. Dicen que soy demasiado esmirriado... ¡Normal! Ellos tienen nombres pomposos... «Cometa»,

«Acróbata», «Alegre», y yo solamente me llamo «Rendy». No solo soy un reno insignificante; mi nombre también lo es.

—La verdad es que sí —se le escapó a Papá Noel, pero se corrigió rápidamente—. ¡Por todas las focas sin trenza del Polo Norte, qué tontería! ¡Un buen reno no se hace valer por el nombre con el que le llaman o por su tamaño! Me apuesto lo que quieras a que eres rapidísimo, por ejemplo.

—Bueno, la verdad es que tampoco tanto. Además, no me dejan participar en los entrenamientos semanales, y tampoco en la carrera anual de trineos de Fórmula Reno.

En aquel momento, a Papá Noel no le quedó más remedio que preguntar:

—*Ho, ho, ho,* entonces, explícame... ¿cómo pasas el tiempo en el Polo Norte?

Rendy se moría de ganas de que alguien se lo preguntase y, así, con un movimiento del hocico, invitó a Papá Noel a que lo siguiera fuera.

Bajo un cielo azul cuajado de estrellas avanzaron, hundiéndose en la nieve fresca.

Dejaron atrás el lago congelado, llegaron a un lugar donde Papá Noel no había estado nunca y... ¡sorpresa!

—¿Los has hecho tú? ¡Pero si eres todo un artista!

Iluminados por la tenue luz de la luna, había decenas de muñecos de nieve con forma de morsa, de oso polar, de reno... ¡y hasta había uno con forma de almeja!

—¡Mira, allí al fondo estás tú también! —dijo Rendy con entusiasmo, señalando una escultura de hielo con forma de Papá Noel: el mismo rostro barbudo, la misma chaqueta con su cinturón, la misma panza... oronda.

—*¡Ho, ho, ho!* ¡No se me parece en nada! De todas maneras, te felicito. ¡Has encontrado una buena manera de ocupar tus días!

—Gracias por los halagos, pero...

—Pero ahora me tienes que explicar qué estabas haciendo antes en los establos.

Con la nariz roja de vergüenza, Rendy empezó a hablar:

—Por las noches me espero a que los renos se duerman y, aunque roncan como morsas acatarradas, me cuelo a escondidas en su establo y duermo con ellos. Y eso es todo.

—¿Eso es todo?

—Sí. ¡Que se me caigan los cuernos si no estoy diciendo la verdad! ¡Y, a su lado, sueño cosas preciosas! Es decir, sueño las cosas que no puedo hacer de día.

—¿Como participar en carreras y en entrenamientos? —lo interrumpió Papá Noel.

—Sí, claro que sí, pero no solo eso... Sueño con tirar del trineo durante la Gran Noche Mágica y... con ayudarte a entregar regalos a todos los niños del mundo para hacerles felices. A mí me encantan los niños... Me gustan mucho más que esas frías esculturas de nieve... Bueno, ya lo he dicho.

—*Ho, ho, ho,* amigo mío. Te entiendo perfectamente, ¡no sabes cuánto!

Rendy alzó un poco la nariz y preguntó, estupefacto:

—Entonces, ¿no estás enfadado?

—¡Pues claro que no! ¡A ti te gustan los niños, igual que a mí! ¿Por qué debería enfadarme?

—Bueno, entonces... —en aquel momento, Rendy había tomado valor y se atrevió a decir—: Antes, en el establo, tú también me has parecido un poco decaído. ¿Cómo puede ser? ¡Eres Papá Noel, tú puedes hacer lo que quieras!

La respuesta fue muy simple:

—*Ho, ho, ho,* querido Rendy. ¿Sabes?, las cosas no son siempre lo que parecen —Papá Noel estaba a punto de añadir algo cuando el oso de cuco dio doce campanadas.

—¡Oh! ¿Ya es medianoche? A dormir, Rendy. Vuelve al establo, si quieres. ¡Buenas noches, hasta mañana!

—Gracias, Papá Noel, buenas noches a ti también...

Y, para Rendy, comenzó una noche llena de sueños.

UN RENO EMPRENDEDOR

El trineo despertador de la mesilla de noche de Papá Noel aún no había sonado cuando el casco de Rendy repiqueteaba impaciente contra su ventana.

—Pero quién... qué...

Papá Noel abrió los ojos y, al otro lado del cristal, vio algo que saltaba y se revolvía para llamar su atención.

—¡Por los bigotes de las morsas del Polo Norte! ¿Te parece que estas son maneras, Rendy?

Bajó de la cama, abrió la ventana y le hizo entrar.

—¿Y bien? ¿Has descansado? ¿Te traigo el desayuno? ¿El cepillo de dientes?

El reno estaba, evidentemente, impaciente.

—¡Pero qué prisas! ¡Si no me ha dado tiempo ni a ponerme los calcetines! ¿Se puede saber qué quieres?

—¡Menuda pregunta! Quiero que termines de decirme lo que estabas a punto de contarme ayer por la noche.

—*Ho, ho, ho,* la verdad es que no te falta curiosidad... La realidad, sin embargo, es que hay poco que decir. ¿Sabes?, yo también tengo mis propios quebraderos de cabeza. Ayer, antes de encontrarme contigo, estaba en el almacén, pensando, porque... con las nuevas tecnologías, parece que los duendes del Polo Norte se las apañan perfectamente ellos solos... trabajan bien, muy deprisa.

—¡Es verdad, es verdad! —le interrumpió el reno—. ¡Y además tienen unos bigotes alucinantes!

—*Ho, ho, ho,* es verdad, pero bueno, como te iba diciendo... ¡parece que prácticamente han terminado de cargar el trineo! Ya solo quedan por aña-

dir los regalos de los niños que se acuerdan de mandar la carta en el último momento... aunque para esos siempre se encuentra sitio, ¿sabes?... pero faltan todavía varios días para Nochebuena. En resumidas cuentas, la Fábrica de Juguetes ya no me necesita. La verdad es que yo solo trabajo UN día al año. Más bien UNA sola noche... y me siento un poco inútil. Vamos, que no tengo mucho que hacer, igual que tú.

—*Mmm...* me imaginaba algo así —susurró el reno con aire astuto. Se acercó a Papá Noel, y dando vueltas a su alrededor, lo escudriñó de pies a cabeza.

Papá Noel se mostraba cada vez más suspicaz...

Rendy acercó su hocico curioso al rostro del hombre, olfateándolo y escrutándolo de cerca, muy de cerca, de hecho, ¡demasiado cerca!

—Pero ¿me puedes decir qué estás traman...?

—*¡Chst!* ¡Estoy pensando! —susurró Rendy al tiempo que apoyaba un casco sobre los labios de Papá Noel. Y, de repente, exclamó—: ¡Ya lo tengo! ¡Se me ha ocurrido una idea genial! ¡Es más,

genialísima! ¡Genialisísima! ¡De hecho, genialisisisisísima!

—¡Ya vale, Rendy, que se te van a acabar las eses! Por cierto, ¿te importaría hacerme partícipe de esta idea tuya tan genial?

—¡Es simplísimo! Como yo tengo poco que hacer, y TÚ también, TE ayudaré a encontrar algo que hacer durante el año. Es decir, un *hobby,* un pasatiempo. ¡Seré tu nueva mano derecha, el hombro en que apoyarte!

—¿Brazo? ¿Hombro? ¿Y la rodilla no? —farfulló Papá Noel, pero ya era demasiado tarde: Rendy había empezado a balbucear algo de un ala delta y cocos bajo una palmera. Ahora decía no sé qué de...

—Y, entonces, ¿qué me dices? ¿Te apuntas?

Papá Noel, ansioso por poner fin a aquel torrente de palabras, quizá un poco precipitadamente, le respondió:

—¿Eh? Sí, claro, cómo no... pero, ahora, por favor, ¿me dejas ir al baño?

Pasaron unos cuantos minutos y Papá Noel, limpio y desperezado, decidió salir de casa para ver cuál era la situación.

Abrió la puerta y...

—*¡AAAHHH!* ¡Qué golpe! ¡Por las orejas de las liebres árticas del Polo Norte... Rendy!

El reno estaba plantado frente a él, ataviado con aletas, gafas y tubo de buceo. Colgada del cuello llevaba una cámara de fotos.

—¡Fíate de mí, jefe! Al fin y al cabo, ¿acaso no me has nombrado ayudante principal para todo? —exclamó el reno.

—Me gustaría aclarar que te has nombrado ayudante tú solito —protestó Papá Noel.

—Venga, no vamos a ponernos detallistas. Ahora, sígueme —insistió Rendy.

Papá Noel, con aire resignado, hizo lo que le decía.

Poco después, llegaron al límite del banco de hielo.

—O-oye, Rendy, ¿estás seguro de lo que estás a punto de hacer?

—¡Menuda pregunta! —respondió el reno—. Ahora, a la de TRES, te tiras al agua, ¿vale?

—Eh... de acuer...

—Entonces... ¡TRES! —exclamó sin previo aviso el reno que, con un fuerte empujón, ¡lanzó a Papá Noel a las gélidas aguas del Polo Norte!—. Verás, jefe, ¡la fotografía subacuática es un pasatiempo realmente apasionante! Una vez, un primo mío, consiguió fotografiar un tipo de pez rarísimo mientras nadaba en mares tropicales, un pez que sometido a estrés se hincha como un globo. ¡Imagínate qué bonito! ¡Y estoy seguro de que en cuanto te acostumbres a la temperatura del agua, no vas a querer salir! —le gritó el reno a la silueta de Papá Noel, inmóvil bajo el agua.

Y, como era de esperar, pasados apenas unos cuantos segundos, Papá Noel emergió a flote en el agua, rígido como un bacalao.

—¿Pero qué haces? ¿El muerto? Abajo, abajo, todavía no es momento de jugar. ¿Qué te parece si le sacas una foto a esos leones marinos de allí? Eh... bueno, ahora que los miro bien, no parecen demasiado simpáticos. Quizá sea mejor salir del agua... ¡deprisa! Eh... ¿Papá Noel, pero qué haces, no me oyes? ¿Papá...?

Unas cuantas horas después, cuando estuvieron de nuevo al abrigo del calorcito de la casa de Papá Noel, Rendy se puso a descongelarlo: apuntaba el secador a máxima potencia en dirección a los congelados pies de su jefe.

Con los dientes aún castañeteándole de frío, Papá Noel empezó a sorber un té hirviendo para tratar de calentarse un poco.

—*Brrr...* ¡Esta es la última vez que te hago caso, Rendy! ¡No tengo ninguna intención de seguir tus ideas estrafalarias!

—Bueno, no te pongas así, ¡si no te gusta la fotografía subacuática, me lo podrías haber dicho antes! —replicó el reno.

Papá Noel le lanzó una mirada a su ayudante y, entre gruñido y gruñido, empezó a decir:

—Ten en cuenta que he leído el listado de las próximas actividades que tienes en mente... ¡Tango argentino! ¡Yoga! ¡Bonsái! ¡Patinaje sobre ruedas! ¡El cuidado del huerto perfecto... en el Polo Norte! ¡Tú debes de estar loco!

—¿Y así me agradeces todo mi esfuerzo? —se quejó Rendy, conteniendo las lágrimas—. Acuérdate de que sin mí, estarías ahí solo en tu sofá bebiendo té caliente.

—O sea, ¿lo que estoy haciendo ahora? —respondió Papá Noel.

—Sí, quiero decir, no, no... De acuerdo, si eso es lo que piensas.

Y salió de la casa con la cabeza gacha.

Papá Noel, repentinamente arrepentido por lo que acababa de decir, se quedó inmóvil unos se-

gundos, y luego abrió la puerta de par en par para correr tras él...

—¡Herbert! ¡Amigo mío, qué golpe!

Frente a la nariz se encontró el índice estirado de su cartero de confianza, que estaba a punto de llamar al timbre.

—*¡Ho, ho, ho,* qué alegría verte! ¡Ha llegado un poco de correspondencia para mí! —dijo, entusiasmándose inmediatamente. El propio Rendy, que

aún estaba por allí cerca, se dio media vuelta para observar la escena con curiosidad antes de marcharse.

—Así es, amigo. ¡Un nuevo saco de cartas con aroma a Navidad! —respondió Herbert, apoyando en el suelo el gran y pesado saco de cartas con un sonoro golpe.

Ni Papá Noel ni Herbert se dieron cuenta de que, del saco lleno de mensajes, sueños y esperanzas, había salido volando una carta realmente especial.

Y, como por arte de magia, fue a esconderse sigilosamente en el bolsillo de la chaqueta de paño de Papá Noel.

LA CARTA DE JIMMY

En el Polo Norte se hizo de noche una vez más.

La aurora boreal, con su velo incorpóreo, otorgaba al cielo y a los hielos un arcoíris de tonos y reflejos que iban del verde brillante al rosa resplandeciente.

Un lugar tan silencioso que parecía casi irreal, tan poético que quitaba el aliento.

No obstante, a pesar de estar inmerso en tanta paz y tanta belleza, había alguien que no conseguía dormirse.

A Papá Noel le disgustaba haber discutido con Rendy. ¿Había sido demasiado duro? Ahora, des-

graciadamente, era demasiado tarde para ir a pedirle perdón.

Tendría que esperar al día siguiente...

Había probado de todo, absolutamente de todo, para conciliar el sueño. Pero nada, seguía despierto como un grillo.

Había bebido manzanilla e infusiones de toda clase.

Había intentado leer libros aburridísimos como *La historia de la remolacha desde la Edad Media hasta nuestros días*, el *Diccionario ilustrado del calcetín* y hasta el *Manual del estornudo y el bostezo.*

Había intentado quedarse dormido escuchando cantos populares, repiqueteos de campanillas y piezas de música clásica.

Había intentado tranquilizarse pensando en la Gran Noche Mágica.

Y, sin embargo... ¡nada!

Muy a su pesar, se resignó a pulsar el gran interruptor rojo de alarma para convocar a una reu-

nión a todos sus empleados. Pocos minutos después, en su dormitorio se congregaba una pequeña multitud de elfos medio adormilados.

—Buenos días, jefe... esto... ¡buenas noches, señor!

Como era de esperar, Flock, el jefe de los elfos, fue el primero en dar un paso al frente para preguntar qué había pasado.

—¿Qué sucede? ¿Una invasión de morsas sonámbulas? ¿Los cantos de las focas le molestan? ¿Cómo podemos ayudarle?

Papá Noel, tapado hasta la nariz con la manta, confesó tímidamente:

—*Ho, ho, ho*, nada de eso, a decir verdad... Siento muchísimo haberos llamado así, en mitad de la noche pero... es que no consigo conciliar el sueño. No me había pasado nunca, ¿sabéis?, así que me he dicho: «Quizá mis elfos podrían traerme del trineo ese duermeniños de efecto instantáneo que he visto hace algunos días...». ¿Entendéis?

—¡Ah, señor! Lo entendemos perfectamente. ¡Qué molesto es el insomnio! Pero ¡no se preocu-

pe! Como siempre... ¡nosotros estamos aquí para ayudarle! Aunque, desde luego, no con ese cacharro que dice usted, porque eso solo funciona con los bebés... Tranquilícese, ¡intentaremos otra cosa!

A la señal de Flock, los elfos presentes, en pijama y pantuflas verdes, empezaron a saltar de un lado a otro de la cama, de atrás adelante, de adelante atrás, muy coordinados...

—¡Este es el método más efectivo, jefe! Bueno, en ausencia de ovejitas... ya sabe usted que aquí en el Polo el clima es demasiado duro... ¡pero nos podrá contar a nosotros, señor! —y, dicho aquello, él mismo se unió a los elfos saltarines.

—*Ho, ho, ho,* pero si yo siempre cuento con vosotros, lo sabéis perfectamente. Lo que no entiendo...

—Quería decir que debe contarnos a NOSOTROS, no CON nosotros... ¿Lo entiende? ¡En lugar de contar ovejitas!

—¡Por todas las almohadas mullidas del Polo Norte, ahora lo entiendo! —y Papá Noel empezó a

decir—: Un elfo, dos elfos, tres elfos, cuatro elfos, cinco elfos, seis elfos, siete elfos, ocho elfos...

Aquella técnica funcionó bien, de hecho, ¡funcionó a la perfección!

No habían pasado ni diez minutos y TODOS los elfos se habían quedado dormidos: había quien se había quedado dormido en la alfombra, quien sobre las mantas, quien apoyado contra la pared...

Papá Noel, en cambio, estaba despierto, es más, ¡estaba despiertísimo!

A su alrededor solo se escuchaba el *RONF RONF* de las narices y el *ZZZZ* de las bocas abiertas de par en par.

Le había conmovido el intento de los elfos, pero, a pesar de todo, decidió no insistir y, así, desplazando delicadamente las piernecitas y las manitas de los elfos dormidos sobre la gran cama, y prestando mucha atención a dónde apoyaba los pies, se levantó y salió de la habitación.

Afuera estaba empezando a nevar. Le entró frío y se puso la chaqueta de paño rojo.

Con un buen té caliente y unas cuantas galletas de jengibre, se acercó a la ventana y se dispuso a contemplar el maravilloso paisaje.

Era realmente increíble; ni siquiera después de tantos años se había acostumbrado a aquella belleza.

Se llevó una mano al bolsillo con gesto distraído y... sus dedos tocaron algo que reconoció al instante.

—¡Una carta!

La sacó del bolsillo y la miró.

Parecía una carta como cualquier otra.

—¿Eh? ¿Cómo ha llegado aquí dentro? —se preguntó en voz baja.

Movido por la curiosidad, dejó la taza de té aún humeante y se limpió las migas de galleta con el dorso de la mano antes de sentarse en su sillón preferido.

Abrió el sobre y leyó:

Querido Papá Noel:

Me llamo Jimmy, tengo ocho años y medio y te escribo desde Sydney, Australia. No sabes cómo me gustaría recibir los cromos que me faltan para terminar la colección de Ultraman, y tal vez los últimos números de los cómics... Pero este año lo que más me gustaría recibir de todo... aunque sé que es imposible envolverlo... es un poco de valor... ¡Sí, has entendido bien!

Lo necesito para enfrentarme a los niños que se meten conmigo de mi colegio, chicos antipáticos mayores que yo, que a menudo me

obligan a hacerles los deberes, se comen mi merienda... y después de la hora de Educación Física, ¡esconden sus calcetines apestosos en mi mochila! ¿Sabes?, ni siquiera me atrevo a contárselo a mi madre. Pero sé que si existe una persona que me puede ayudar... ese eres tú, ¡estoy seguro!

Gracias, adiós,

Jimmy

Los ojos de Papá Noel se llenaron inmediatamente de grandes lagrimones.

No cabía duda, ¡había que ayudar a aquel niño, costara lo que costase!

—*Ho, ho, ho*, ya verás, Jimmy, ¡no te decepcionaré, amigo mío!

Y, al decir aquello, dio un puñetazo en el reposabrazos del sillón.

Luego se secó los ojos, brillantes de lágrimas, alzó la vista y... vio que al otro lado de la ventana una figura borrosa brincaba y se esforzaba por captar su atención.

—¡Rendy! ¡Entra, que fuera hace frío! ¿Qué haces dando vueltas por ahí a estas horas?

—Eh... la verdad es que pasaba por aquí por casualidad...

—Entiendo, yo también estaba despierto por casualidad.

—Bueno, pues entonces empiezo yo —Rendy se envalentonó y dijo—: Quería pedirte pe-per... perdón, me parece que me he pasado un poco con las actividades alternativas.

—*¡Ho, ho, ho*, disculpas instantáneamente aceptadas! Además, me temo que yo también me he equivocado...

—Entonces... ¿volvemos a ser amigos? —preguntó Rendy con voz sorprendida.

—¡Claro que sí, amigos! —le respondió Papá Noel, que inmediatamente se sintió aliviado—. ¡Y te diré algo más! ¡Te necesito para resolver un problema importante!

UNA LARGUÍIIIIISIMA VELADA

En el corazón de la noche polar, una chimenea echaba humo. Las ventanas de la casa de Papá Noel seguían iluminadas.

Dentro se entreveían dos siluetas, una oronda y la otra escuchimizada, inclinadas sobre una mesita.

—¿Lo entiendes, entonces? —estaba diciendo Papá Noel, que le había enseñado a Rendy la carta de Jimmy—. Me necesita. Y yo quiero, debo ayudarle. Me ha pedido valor... pero yo... ¡no puedo mandarle valor en un paquete! ¡Y mucho menos un regalo cualquiera!

—Es verdad, es un buen problema —confirmó Rendy—. No te queda más que... ¡ir TÚ mismo a Australia! Quiero decir, que tienes renos, un trineo... ¿es bastante simple, no? ¿Eres o no eres Papá Noel?

—*¡Ho, ho, ho*, querido Rendy! ¡Precisamente ese es el problema! ¡Precisamente porque soy Papá Noel, no puedo pasearme por ahí como si fuera una persona cualquiera! ¡Está prohibidísimo!

—*Mmm...* tienes razón. Veamos, entonces... como eres Papá Noel... —Rendy se sentó con las patas cruzadas frente al fuego que chisporroteaba en la chimenea—. Dame solo cinco minutos, jefe, me tengo que concentrar... —y cerró los ojos, sumiéndose en una profunda meditación.

Papá Noel no sabía qué pensar y, pasados dos minutos, empezó a pensar que Rendy se había quedado dormido cuando, de repente...

—¡LO TENGO! ¡CIELOS, LO TENGO! —el reno se puso a chillar, saltando como un muelle—. ¡Estoy seguro de que mi idea funcionará!

Y se puso a explicar su plan detalladamente.

Cuando hubo terminado...

—¿Y ESE ES TU PLAN? —preguntó Papá Noel, estupefacto y con una expresión de incredulidad en el rostro.

Rendy asintió con sus ojillos despiertos y una sonrisa que le cruzaba el hocico de extremo a extremo.

Papá Noel se volvió hacia la chimenea y susurró:

—Déjame que lo piense... —y, luego, se volvió de repente y gritó, con el rostro desencajado—: Este plan es, sencillamente... —temiéndose una reprimenda, Rendy se encogió todo lo que pudo y se cubrió los ojos con los cascos— ¡GRANDIOSO! —concluyó Papá Noel, abrazándolo con tanta fuerza que Rendy casi se quedó sin respiración—. ¡Siempre ha sido mi sueño, desde que era así de

pequeño! —declaró al tiempo que soltaba al pobre reno, que se masajeaba el cuello—. ¿Sabes?, este era exactamente el segundo trabajo que quería hacer cuando fuera mayor.

—¿En serio? —preguntó Rendy, maravillado—. ¿Y el primero cuál era?

—¡Menuda pregunta! —dijo Papá Noel—. ¡Pues el oficio con el que sueñan TODOS los niños!

—¿Y ese cuál es? ¿Astronauta? ¿Piloto de Fórmula Uno? ¿Agente secreto? —inquirió de nuevo el reno.

—¡Pero qué astronauta ni qué agente secreto! ¡Pastelero! ¿Quién no quiere aprender a preparar suaves, deliciosos, blanditos pasteles de crema? —exclamó Papá Noel con aire glotón—. ¡Pero adiós a las porciones de tarta! A partir de esta noche, Papá Noel se transformará en... ¡el defensor de los niños! ¡Sí, quiero ser paladín de la justicia, el valiente caballero que salva a las princesas prisioneras! ¡El valeroso aventurero que derrota a los villanos! Yo me encargaré de ayudar al pequeño Jimmy y a todos aquellos que necesiten ayuda durante el año... ¡cuando Papá Noel no podrá hacerlo!

—Bien, jefe, ¡entonces la decisión está tomada! —dijo Rendy, satisfecho. Echó un vistazo al reloj y añadió—: Pero ahora es un poco tarde. Si no te importa, me voy a ir a dormir...

—¿A DORMIR? Perdona, pero ¿cómo te puedes ir a dormir justo ahora? ¡Tenemos un montón de cosas que hacer... y poquísimo tiempo para hacerlas! —gritó a pleno pulmón Papá Noel—. Un traje, sí, ¡lo primero que necesito es un traje! Algo que inspire confianza, pero que también infunda temor a los malvados. Quiero una capa, una máscara (obviamente), brillantina y, quizá, ¡hasta lentejuelas! —exclamó.

—¿Lentejuelas? —preguntó Rendy, desconcertado—. Perdona, pero... ¿no te parece que estás exagerando un poco?

Pero las palabras del atónito ayudante se perdieron en el viento.

Papá Noel estaba demasiado emocionado y ensimismado para responderlo.

Se dirigió a paso veloz a su dormitorio, abrió la puerta y...

—Eh... ¡hora de que volváis a vuestras habitaciones! —susurró dulcemente al oído de Flock, el jefe de los elfos.

Medio dormido, este respondió:

—Nooo, anda, por favor, cinco minutos más... y antes ráscame un poquito la espalda... —pero, entonces, abrió los ojos, vio a Papá Noel y dijo inmediatamente—: ¡Oh! ¡A sus órdenes, señor! Justo estábamos a punto de hacer eso mismo... Elfos, ¡despertad y en marcha! ¡Cada uno a su cama!

Papá Noel sonrió bajo los bigotes y, con voz aflautada, susurró de nuevo algo al oído del elfo:

—*Ho, ho, ho*, sé que es pedir demasiado de vosotros, queridos elfos... *psss psss... psss.*

Terminado aquel discurso, los elfos salieron en fila de la habitación y se dirigieron al Departamento de Sastrería y Disfraces.

Papá Noel se sentó en su escritorio a pensar en todo lo que necesitaba para transformarse.

¿Qué accesorios podría necesitar? ¿Bombas fétidas? ¿Espráis que produjeran picores? ¿Un repelente para tiburones?

Y, además, ¿qué medio de transporte debería usar? ¿Una honda gigante? ¿Un paracaídas de *kitesurfing?* ¿Un submarino con manivela? ¿O quizá propulsores en las botas?

—Aquí me tienes, jefe —anunció Rendy—, he ido a buscar los cómics que me has pedi...

Pero antes de que pudiera terminar la frase, Papá Noel se sumió en un profundo sueño.

¡Tantas emociones habían hecho que, por fin, conciliara el sueño!

Rendy dejó escapar un gran suspiro y tapó a Papá Noel con una gruesa manta de lana a cuadros rojos y verdes. Echó un último vistazo por la ventana, justo a tiempo de ver las primeras luces del alba asomarse tímidamente sobre la línea del horizonte helado.

Un leve rayo de luz color naranja pálido: el día que acababa de terminar había sido largo y cansado, y la velada más aún si cabe... ¡unas cuantas horas de sueño eran justo lo que necesitaban antes de ponerse manos a la obra!

—Buenas noches, jefe —susurró.

Y salió de la habitación de puntillas sobre sus cascos.

¡PATALEAR CANSA!

—¡UAAAAA!

Papá Noel se despertó, se desperezó y se rascó ligeramente la barriga. Se levantó perezosamente del silloncito en el que se había quedado dormido la noche anterior y, aún atontado por el sueño, entrcabrió los ojos para mirar afuera.

—¿Pero qué hora es? *Ho, ho, ho*, lo que me haría falta para despertarme del todo es un buen chocolate caliente —dijo con voz pastosa.

—¡Son las doce y cuarto, jefe! ¡Y aquí tienes tu chocolate! —gorjeó la vocecilla chillona de Rendy a sus espaldas.

—¡Oh, gracias! *¡AYAYAYAYA!* —aulló el pobrecillo al quemarse la lengua—. ¡Por todos los polvorones del Polo Norte! —vociferó—. ¡Rendy, estaba hirviendo!

—¡Pero si lo has dicho tú mismo, jefe, que necesitabas un buen chocolate caliente para despertarte!

—Sí, pero... —replicó Papá Noel.

—Bueno, ¿y no estás bien despierto ahora? Además, ve a darte una ducha... ¡los elfos nos están esperando! ¡Han estado trabajando toda la noche!

Unos minutos después, ambos llegaron al departamento creativo donde los elfos los estaban esperando.

Flock agarró a Papá Noel del brazo y lo llevó a un probador para que se pusiera los trajes.

El primero tenía unos ceñidísimos leotardos azul celeste y una gran estrella amarilla en el pecho.

—No, no te queda bien... ¡demasiado ajustado! —sentenció Rendy.

A aquel le siguieron una serie de trajes que, el reno, por orden de aparición, clasificó como:

—¡Demasiado peludo!

—¡Demasiado veraniego!

—¡Demasiado metalizado!

—¡Demasiado antiguo!

Se sucedieron un buen número de modelos, cada cual más extravagante que el anterior.

De repente, Papá Noel, desconcertado y con los ojos desorbitados, gritó:

—¡Ya basta! ¡No puedo más! ¡Yo lo único que pido es un simple traje con una capa y un bonito símbolo aquí, en el pecho!

Los elfos se miraron, asintieron y se pusieron de nuevo a diseñar y coser.

—¡Muy bien, jefe! Sobre todo, porque nosotros tenemos mucho, ¡muchísimo que hacer! —replicó Rendy.

—¿Ah, sí?

—¡Claro que sí! Tenemos… eh… más bien… TIENES que entrenar si quieres estar en forma y siempre preparado para ayudar a los niños.

—¿E-en-entrenarme? —preguntó Papá Noel, temblando solo de pensarlo—. *Ho, ho, ho,* ahora que

lo pienso, ¡yo aún no he desayunado! —y un sonoro rugido de sus tripas acompañó aquella afirmación.

—¡Ya habrá tiempo luego de comer! —lo reprendió Rendy—. ¡Ahora es momento de correr, saltar, patalear, sudar, moverse, ejercitarse! Ya verás como con mi programa de entrenamiento, será coser y cantar. Entonces, ¿preparado?

Desconsolado, Papá Noel murmuró en voz baja:

—¿Por qué tengo la sensación de que esto no me va a gustar?

Durante todo el día se pudo ver cómo Rendy, cronómetro en mano, le tomaba los tiempos a Papá Noel mientras corría.

Luego, con el metro, medía la longitud de sus saltos a lo largo y a lo ancho, aunque estaba más que claro que la especialidad en la que Papá Noel destacaba era el salto a lo ancho.

También se vio a Rendy con el silbato, dictando el ritmo de los saltos que Papá Noel debía dar con las piernas juntas y separadas.

De hecho, el día entero fue un continuo *hop, hop, hop,* y *uno, dos, uno, dos,* y *venga, venga, venga, venga, venga, ¡PÍIII!*

Tras un montón de pruebas de agilidad y ejercicios gimnásticos, Papá Noel estaba agotado. Exhausto, muerto, destruido.

No se había cansado tanto en su vida, y lo peor era que apenas había podido comer algo... ¡demasiado poco para su gusto!

Y la jornada aún no había terminado... Porque, cuando por fin llegó a la puerta de casa, ¡lo estaban esperando todos los elfos de su fábrica!

—¿Y vosotros qué hacéis aquí ahora? Pero no, no, no... que no, ¡salto de elfo no! Rendy, no puedo más... —imploró, preocupado.

El reno sacudió la cabeza.

—Tranquilo, jefe, el salto de elfo no está en mi lista. No es eso...

—Hemos terminado su traje, señor —anunciaron los elfos con aire más que satisfecho—. ¡Y estamos seguros de que esta vez sí le va a gustar!

¡ABRID PASO A SÚPER CLAUS!

—Es, simplemente... ¡perfecto! —exclamó Papá Noel, mirándose en el espejo por enésima vez con gran satisfacción.

Desde la última fila de elfos, se escuchó una voz exclamar:

—¡Le queda de maravilla, señor!

—¡Ah, no! —especificó él mientras terminaba de colocarse el antifaz sobre el rostro—. Cuando me ponga este traje, tendréis que llamarme... *mmm...* eh...

—¿Capitán Hogaza? —sugirió Rendy.

—¿Temible Panzón Canoso? —lo intentó Flock.

—¿Ombligo de Acero? ¿Hombre Galleta? ¿Mega Merienda? —las ideas y las propuestas surgían de todas partes.

—¡No, no, no! ¡Y mil veces no! —Papá Noel no estaba en absoluto satisfecho—. Yo estaba pensando en algo más elegante, magnético, carismático… del tipo de… esto es, como… ¡ya lo tengo! ¡Tendréis que llamarme Claus… no, mejor SÚPER CLAUS! Y aquí, en el pecho, ¡quiero un símbolo con mis nuevas iniciales!

¡Una explosión de alegría y gritos estalló por toda la casa! Los elfos empezaron a darse vigoro-

sas palmaditas en los hombros entre ellos y a mirar con admiración a Súper Claus, que hacía ostentación de sus músculos. O, más bien, creía hacer ostentación de sus músculos.

—Entonces, señor, si mal no recuerdo, debe ir a Sydney... —intervino en aquel momento Flock al tiempo que le bordaba en el traje un gran símbolo con las iniciales SC—. ¿Quiere que vayamos a preparar el trineo?

—*Ho, ho, ho*, pues claro, id, id... ¡y no os olvidéis de las riendas de los renos!

Rendy no daba crédito a lo que estaba escuchando:

—¿Cómo, cómo? ¿Estás loco? ¡Tú eres Súper Claus! ¿Qué tienen que ver los renos con esto? ¡Los renos tienes que reservarlos para la Gran Noche Mágica, tú mejor que nadie deberías saberlo! Perdona, pero si Jimmy ve a Súper Claus llegar en el trineo de Papá Noel... ¡imagínate qué va a pensar!

—¡Tienes razón! Aunque... vale que sea un superhéroe, ¡pero yo no sé volar! ¡Y espero que no pretendas que coja el tren!

La sala se sumió en un silencio absoluto: el entusiasmo de hacía unos momentos desapareció en un instante. Los elfos enmudecieron de repente.

Papá Noel miró a su alrededor. ¿Los había decepcionado a todos? Con lo mucho que se habían esforzado por él... Bajó la mirada y vio que Rendy, sentado con las patas cruzadas, se había sumido en sus meditaciones...

—¡LO TENGO! ¡YA LO TENGO! —chilló de repente al volver a abrir los ojos—. ¡Sé quién nos puede ayudar! Pero ¿cómo no se me habrá ocurrido antes?

Agarró la mano de Súper Claus y lo arrastró con él.

—¡Que me vas a hacer tropezar! Despacio... pero bueno... ¿me puedes decir dónde me estás llev...? —pero no le dio tiempo a terminar la frase, porque ya estaba en la puerta del taller.

—¡Ya estamos, hemos llegado! ¿Lo entiendes ahora? ¿Quién más que ella podría ayudarnos?

—afirmó Rendy, señalando el cartel que había sobre la puerta: «¿Tu trineo ya no da ni un meneo? ¡No te lamentes por tu mala fortuna! ¡Para ayudarte está la osa Bruna!».

—*¡Ho, ho, ho,* la mejor mecánica de trineos del Polo! Amigo mío, he de admitir que has tenido una buenísima idea.

Rendy le explicó que conocía el taller al dedillo: había pasado días enteros fascinado por la pericia de Bruna, la mecánica encargada del mantenimiento del trineo mágico y experta en reparación de prácticamente cualquier maquinaria automotriz.

En el taller reinaba una confusión increíble: por todas partes había destornilladores, el suelo era un mar de pernos, tuercas, trozos de tubos y rollos de cinta. Las estanterías estaban a rebosar, y la mesa de trabajo estaba sepultaba bajo una cantidad infinita de objetos: clavos, seguetas de todos los tamaños, arreos para los renos y, colgado de la lámpara del techo, ¡había un taladro a manivela!

—¡Por todas las llaves inglesas del Polo Norte...! ¡Hola, Bruna! ¿Cómo estás? —exclamó Papá Noel en cuanto entrevió el níveo rabito peludo que asomaba debajo de la mesa.

—Eh, hola, ¿eres tú en persona? —preguntó Bruna estupefacta, con su vocecilla dulce y tenue—. ¡Qué bien! ¡Has venido a verme! *¡Ay!* —le saludó la mecánica al tiempo que se daba un sonoro cabezazo contra la mesa. Se levantó, manoseando un trapo manchado de aceite y grasa para cadenas—. ¡Cuánto tiempo hacía que no venías por aquí! ¡No te veía desde aquella vez que estrellaste el trineo contra un campanario!

En pocas palabras, Papá Noel le explicó qué necesitaba y para qué.

—Si he entendido bien, lo que quieres es una nueva versión del trineo, pero con más potencia, ¿verdad? —preguntó ella.

—Eso es, pero más que trineo, yo lo llamaría... eso es, ya lo tengo... ¡FANTASTRINEO! —respondió él, emocionado.

—*Snif, snif* —Rendy olisqueó el aire. Al reno le daba en la nariz que allí había algo que no iba bien—. Eh, disculpad, pero... ¿vosotros no notáis olor a quemado? —preguntó.

—¡Ay, carámbanos! ¡Mis rosquillas de canela! ¡Se me habían olvidado! —exclamó Bruna mientras corría torpemente a sacarlas del horno antes de que fuera demasiado tarde, pero...—. *¡Ay, ay, ay!* —gritó mientras la bandeja de hierro ardiendo salía volando por la ventana junto con las rosquillas y el guante de cocina—. ¡Dadme un minuto, vuelvo enseguida! —gritó, y corrió a meter las patas en un barreño con agua.

Papá Noel le lanzó una mirada cómplice a Rendy y dijo:

—Una pena, esas rosquillas tenían buena pinta... Eh... mira, tengo que confesarte que, a veces, Bruna tiene tendencia... eh... ¡a olvidarse de las cosas! Bueno, es un poquito distraída.

—¡Ya lo sé! —señaló Rendy—. Y por eso he preparado una lista. ¡Esto es todo lo que debería haber a bordo del Fantastrineo!

Cuando Bruna estuvo de vuelta, con una pata vendada, dijo:

—Entonces, ¿dónde nos habíamos quedado? ¿Me estabas diciendo que te has estampado otra vez contra una chimenea?

Papá Noel y Rendy suspiraron al unísono y, con mucha calma, le explicaron todo otra vez desde el principio.

—¡Aquí tienes el listado de cosas que debería tener el Fantastrineo! —concluyó Papá Noel.

Bruna se pasó una pata por la frente —dejándose una gran mancha de aceite entre las orejas—, se puso un par de anteojos y empezó a leer:

✓ Una fabubrújula para no perderse ni de día ni de noche.

✓ Un ordenador portátil con navegador.

✓ Una red para atrapar estrellas fugaces.

✓ Un baúl mágico con un miniaturizador incorporado para llevar siempre todo lo necesario, incluido un traje de repuesto en caso de desgarrones, y ropa de recambio (nunca se sabe).

✓ Un sofá pequeño para siestecitas rápidas.

✓ Un telescopio.

✓ Una pantalla de plasma.

✓ Un mini frigorífico.

✓ Un distribuidor de chicle con monedas.

✓ Una antena satelital para ver *Grelos y Cachelos,* el programa de cocina presentado por el famoso cocinero Tito Sofrito.

✓ Un microsilenciador.

Solo cuando llegó al final de la larguíiisima lista, Bruna alzó el hocico y, sonriendo, dijo:

—Muy bien, no me parece difícil. Volved mañana. Estará todo listo —luego añadió—: ¿No creéis que os vendría bien un pequeño microondas para preparar rápidamente unos pastelillos si os entra hambre estando a bordo?

¡ES HORA DE LA FANTAVENTURA!

Y por fin llegó el fatídico día de la partida.

Aparcado frente a la puerta de la casa de Papá Noel, el Fantastrineo quedaba de lujo.

—Toma, para ti —dijo Bruna, visiblemente orgullosa, depositando algo brillante entre las manos de Papá Noel.

—*Ho, ho, ho*, gracias, amiga mía, pero no entiendo... —farfulló al tiempo que recibía de las zarpas de Bruna un precioso llavero con forma de estrella.

—*Ups,* claro que no lo entiendes, porque me he olvidado de poner... ¡es-

to! —dijo la osa mientras se sacaba algo del bolsillo.

—¡Las llaves del Fantastrineo! ¡Oh, qué bonito, gracias! ¡Y es todo mío! ¡Mío enterito! —no dejaba de repetir Papá Noel, dando saltitos alrededor del flamante bólido rojo.

—Eh, te podrías contener un poco... —le sugirió Rendy en voz baja, que no se había perdido la escena.

Papá Noel no le hizo caso e inspeccionó el Fantastrineo con el asombro de un niño.

Desde el ventilador de latón que había en la parte trasera hasta la antena satelital, aquel maravilloso cachivache era... ¡todo suyo! ¡Y estaba ansioso por descubrir hasta sus más mínimos secretos!

Más de una hora después, dedicada a inspeccionar, tocar todos los botones, abrir y cerrar portezuelas y probar los asientos...

—¡Jefe, es hora de irse! —exclamó Rendy, de punta en blanco—. ¡Es hora de... SÚPER CLAUS! Eh, pero... ¿qué haces aún vestido así? ¡Te tienes

que cambiar, rápido! —le cortó el reno, impacientado.

—¡Por todas las mallas ajustadas del Polo Norte, tienes razón! ¡Voy corriendo al baño! Pero ¿qué estoy diciendo? ¿Por qué al baño? Yo lo que necesito es una idea... no, en realidad, lo que necesito es... ¡una cabina telefónica!

—¿Una cabina telefónica? —repitió Rendy—. Pero ¿todavía existen? ¿Y en el Polo Norte?

—Solo hay una y siempre está vacía. Espérame aquí: ¡voy, me cambio y vuelvo!

Tras una larga carrera, Papá Noel llegó a la única cabina de teléfono del Polo Norte, pero mientras se acercaba, entrevió una silueta negra en su interior. Al acercarse más, vio que dentro había... ¡un pingüino!

—¿Eh? ¡¿Un pingüino?! ¿En el Polo Norte? Pero qué diantres... Bueno, lo importante es que me deje entrar... —murmuró Papá Noel mientras tocaba el cristal—. Eh, disculpe, señor pingüino, pero necesito usar la cabina... ¡es urgente!

Dentro, el gracioso bípedo emplumado giró la cabeza con aire inquisitivo, y luego se volvió a observar el auricular que tenía entre las alitas y del que surgía un *«Tu tuuu, tu tuuu, tu tuuu...»*.

En aquel momento fue cuando Papá Noel se dio cuenta de que al otro lado de la cabina de teléfono se extendía una cola de 10... no, 20... no, ¡30 pingüinos esperando su turno educadamente!

Resignado, se puso al final de la cola y esperó pacientemente su turno: los pingüinos que había frente a él entraban uno tras otro, descolgaban el auricular, se lo quedaban mirando unos cuantos minutos y luego salían, alejándose con sus cómicos andares tambaleantes.

PERO ¿QUÉ HACEN UNOS PINGÜINOS EN EL POLO NORTE? ¿SE HABRÁN EQUIVOCADO DE POLO?

Por el cielo del Polo Norte se extendía aquella extraña cancioncilla:

—Tu tuuu, tu tuuu, tu tuuu, tu tu tu tu tu tu tu tu...

Dos horas más tarde, por fin, le llegó su turno a Papá Noel: entró, como hipnotizado, y se puso a mirar el auricular hasta que...

«Por todos los teléfonos públicos del Polo Norte, ¿pero qué estoy haciendo?», rezongó para sí, como despertándose de un sueño.

La cabina resultó ser demasiado estrecha para su corpachón: si levantaba una pierna para ponerse los pantalones, tenía que sacar la cabeza por la puerta. Por no hablar de aquel molestísimo auricular que se le clavaba por todas partes...

Pero ya se le había hecho demasiado tarde, así que decidió que, dado que ya no quedaba ni rastro de los pingüinos, se cambiaría fuera.

Echó un vistazo a izquierda y derecha y... ¡fuera pantalones!

Cuando estuvo en calzoncillos... ¡fuera también la chaqueta!

Muy apurado, Papá Noel, quiero decir, SÚPER CLAUS, se puso el traje a toda prisa... y cuando vio reflejadas en el cristal de la cabina de teléfono las resplandecientes letras «SC», a punto estuvo de llorar de alegría.

—¡*Ho, ho, ho,* Jimmy, aguanta un poco! ¡Ya llego! ¡¡¡Es hora de la... FANTAVENTURA!!!

Y así, gritando, corrió por la nieve hasta quedarse sin aliento, apuntando con el índice al horizonte lejano.

—¡Vamos, Rendy, que nos vamos! —añadió triunfal cuando llegó a casa.

—¡Oh, aquí estás! —dijo Bruna.

—¿Se puede saber dónde te habías metido, jefe? —preguntó Rendy, impaciente por marcharse.

—Eh... yo... ¡he tenido que ayudar a un banco de pingüinos en apuros! —balbuceó de manera poco convincente Súper Claus.

—¿Pingüinos? ¿Aquí? Bueno... —respondió escéptico el reno—. Venga, sube. ¡Pásame las llaves y... ponte el cinturón! —su voz quedó amortiguada

por el estruendo del motor y de los propulsores iónicos—. ¡A la máxima potencia!

Y... *wooosh,* el Fantastrineo partió.

—*¡Ho, ho, ho,* Rendy, se te da genial! ¿Cuándo has tenido tiempo de leerte el manual de instrucciones de este cacharro?

—¿Manual de instrucciones? ¡¿Pero qué manual de instrucciones?! —preguntó el reno, sorprendido—. Además, perdóname, pero ¿no eras tú el que tenía el carné de conducir, Pap..., digo, Súper Claus?

—¿Carné de conducir? Pero ¿de qué carné de conducir me estás hablando? —dijo a su vez Súper Claus—. Yo solo sé conducir el trineo mágico, que, como es mágico... ¡¡¡lo hace todo solo!!!

TODO AL ESTE... ¡NO, AL OESTE!

Súper Claus y Rendy habían partido hacía apenas unos cuantos minutos, pero el paisaje bajo sus pies ya estaba cambiando de aspecto.

—¡Mira, Rendy! ¡Desde aquí arriba las focas parecen hormiguitas!

—¡Ya lo veo, ya lo veo! ¿Y qué me dices de esa enorme ballena en las aguas heladas? ¡Es tan grande que parece una isla! —exclamó el reno, asombrado.

Sobrevolaron el Mar Ártico; el espectáculo que tenían ante sus ojos era realmente extraordinario.

—¿Eh, todo bien ahí detrás? —preguntó Rendy tras unos cuantos minutos sin escuchar hablar a Súper Claus.

Súper Claus, que estaba sentado en el silloncito, contemplando el paisaje por la ventanilla, no respondió inmediatamente.

Un rato después, dijo:

—¿Sabes, Rendy?, he recorrido esta ruta millones de veces, pero siempre de noche, a oscuras... ¡no me imaginaba que fuera tan bonita bajo la luz del sol!

—Hablando de la ruta —apreció Rendy—, no pierdas de vista la fabubrújula, por favor. Quizá le podrías echar un vistazo a las coordenadas, ¿te parece?, las que has metido antes...

—¿Metido antes? ¿Coordenadas? —repitió Súper Claus—. ¡Yo no he metido ninguna coordenada! ¡Tendrías que haberlo hecho tú!

—¡Nooo! ¡Tenías que hacerlo tú! —la voz de Rendy se tornó en un graznido.

—¡Pero no, claro que no... y, además, no! Tendrías que haberlo hecho tú, tú y mil veces tú...

—Pero, si ninguno de los dos ha metido las coordenadas en la brújula... ¿dónde estamos yendo? —gritaron al unísono.

—¿Contra un iceberg?

—¿A Papúa Nueva Guinea?

—¿Saldremos de la órbita terrestre?

—Tranquilo, Rendy —dijo Súper Claus, repentinamente calmado—. Mientras tanto, ¿por qué no nos preparamos unos bocadillitos? Se piensa mejor con el estómago lleno.

—Bueno... si crees que puede sernos de ayuda... —accedió Rendy, un poco tembloroso, al tiempo que se zampaba un bocadillo—. Vale, ya hemos comido. ¿Y ahora?

—Ahora... ya está hecho. He metido las coordenadas en la fabubrújula. ¡Tan fácil como comerse un bocadillo! —concluyó Súper Claus al tiempo que volvía a repanchigarse en el sofá—. He comprobado también la dirección del remite en el sobre de Jimmy... ¡Ay, me muero de ganas de conocerlo!

—¡Te entiendo perfectamente, jefe! Pero ¿cómo vamos a reconocerlo? Aquí el ordenador me dice

que Sydney tiene aproximadamente... cuatro millones y medio de habitantes.

—*Ho, ho, ho...* ¿pero acaso no soy yo Súper Claus? Mi infalible olfato me guía como si fuera un sabueso allí donde haya un niño en apuros... Y, además, Jimmy fue muy preciso: me mandó su dirección y también el nombre de su colegio.

—¡Qué listo, ese niño! —exclamó Rendy, muy satisfecho.

—¡Ya lo creo! ¡Y tengo ganas de verme las caras con esos niñatos que se meten con él! —dijo Súper Claus, hinchando el pecho como un pavo—. ¡Imagínate si estará avergonzado que Jimmy no se ha atrevido a hablar con nadie! ¡Ni siquiera con su madre!

—Disculpa que te interrumpa pero... ¡la fabubrújula se ha encendido! ¿Eso quiere decir que ya hemos llegado? ¡No puede ser!

—Puede ser, puede ser... Bruna ha construido una joyita de trineo, rapidísimo.

—Qué raro... ¡no encuentro los frenos! —exclamó Rendy mientras inspeccionaba con atención

los comandos del panel de control—. ¡Cada vez descendemos más deprisa! ¡No sé cómo frenar!

Súper Claus sintió un escalofrío... y tuvo un presentimiento. Levantó el auricular y llamó a Bruna.

—¿Hola? ¿Bruna? ¿Me escuchas? ¿Dónde están los frenos del Fantastrineo?

—¡Hola! Te escucho muy lejos... ¿Los frenos, dices? ¡Pero si en la lista que me diste no había frenos! Tratad de usar el... *snif, snif...* ¡Ay, creo que me he dejado el flan en el horno! —respondió tan tranquila, y colgó.

—¿El qué? ¿Frenar con el flan?

Mientras el Fantastrineo bajaba, bajaba y bajaba cada vez más rápido, Rendy empezó a apretar botones al tuntún en el panel de control.

Un interruptor encendió el hervidor de agua para preparar té, otro convirtió el sofá en una cama, otro llenó la cabina de olor a flores...

Rendy saltó a los brazos de Súper Claus. ¡Estaba aterrado!

—¡Vaya, Rendy, cómo pesas! —protestó Súper Claus—. ¡Eres un flaco-gordo! No, mejor, ¡eres un gordo-flaco! Ay... ¡no puedo tenerte en brazos!

Con Rendy encaramado sobre él, Súper Claus se desplomó en el suelo.

Intentó levantarse agarrándose a una especie de palanca que había en la pared...

¡Y así fue como se activó el maxiparacaídas de emergencia!

El Fantastrineo frenó su caída y volvió a elevarse a toda prisa, dirigiéndose a un dulce aterrizaje.

—¡Lo has conseguido, jefe! ¡Has activado el sistema de emergencia de los frenos! —gritó Rendy, aliviado.

—¿Que yo he hecho qué? Eh, esto, quería decir... Sí, claro, ¿qué te creías?

Pocos minutos más tarde, salió de un salto del Fantastrineo. No había terminado de poner un pie en el suelo, y ya estaba poniéndose las gafas de sol sobre el antifaz.

—¡Sol, mar, playa... allá voy! —exclamó, pero una ráfaga de viento helado se estampó contra su rostro, haciendo que le temblaran hasta los huesos—. ¡Eh! ¿Pero qué pasa aquí, Rendy? ¡Habías dicho que en Australia era verano!

Rendy miró a su alrededor, luego echó un vistazo a la fabubrújula y...

—*¡Glups!* —fue el único sonido que consiguió emitir.

—¡Sabía que nos íbamos a perder! ¡Siempre pasa lo mismo con los navegadores de a bordo! ¡Uno no se puede fiar nunca! —rezongó Súper Claus, dando un fuerte pisotón en el suelo.

—¡No te enfades con el navegador, jefe! ¡Mira lo que has escrito! «Tan fácil como comerse un bocadillo» —gorjeó Rendy, imitándolo—. ¡Has escrito «Austria» en lugar de «Australia»!

—¡Pues anda, menudo lío por una vocal y una consonante de menos! Toma, Rendy, otro bocadillito: ¡te prometo que esta vez prestaré más atención!

Y el Fantastrineo volvió a partir.

Bajo ellos empezaron a pasar de nuevo a toda velocidad mares, montañas, altiplanos, desiertos, el océano y, por último... ¡Australia!

La bahía de Sydney se abría ante sus ojos: el calurosísimo sol del mediodía brillaba en el cielo límpido, el agua era transparente y atractiva.

—Eh, ¿aquí es donde tenemos que aterrizar? ¿Ya has pulsado el interruptor de invisibilidad? Venga, jefe, respóndeme o...

Rendy se dio media vuelta para asegurarse de que Súper Claus no hubiera vuelto a quedarse dormido.

Al contrario; estaba despiertísimo, pero era imposible que pudiera escucharlo: estaba prácticamente dentro del baúl mágico, del que solo asomaban sus piernas y su gran trasero.

—Eh, pero... ¿qué estás haciendo? —chilló Rendy con todo el aire que tenía en sus pulmones.

—¿Eh? ¿Qué? ¡Por todas las sombrillas del Polo Norte! —consiguió responderle Súper Claus al tiempo que resurgía del baúl con gran esfuerzo—. Es obvio, ¿no? ¡Estoy buscando el flotador con forma de patito!

—Amigo mío, no tienes remedio... ¿No te acuerdas? ¡Hemos venido aquí por Jimmy, no de vacaciones!

—¡Lo sé, lo sé, ya lo sé! ¿Creías que quería darme un baño? A ver, estaba de broma. Estaba buscando esto.

Y sacó del baúl un largo telescopio de latón.

—Perfecto. Ahora, si puedes, lleva el Fantastrineo un poco más abajo —con el telescopio asomando por la ventanilla, Súper Claus parecía el capitán de un barco pirata—. ¡Allí lo veo! —exclamó de repente—. ¡Ese debe de ser el colegio de Jimmy! Gira a estribor, treinta y tres grados sur-sudeste, eso es, ralentiza... ¡Lo tengo! ¡Eso es, sí!

—¿Has visto a Jimmy también? ¿Cómo es? —preguntó Rendy, completamente emocionado.

—Qué va. A él no, ¡pero he localizado el cartel de una pastelería maravillosa!

MATONES Y MERIENDAS

Rendy pulsó el interruptor de invisibilidad. En ese preciso instante, como por arte de magia, el Fantastrineo se volvió transparente.

—¡*Alehop!* Esto es pan comido... —dijo Súper Claus al tiempo que descendía dando un pequeño brinco—. Vaya... ¡por todas las botas apestosas del Polo Norte! ¡He tenido que ir a pisar justo encima de una caca de perro!

—¿Todo bien, ahí abajo? —gritó Rendy, asomándose por la ventanilla.

—¿Eh? Sí, claro, cómo no... esto... solo una cosa: ¿no habrá un quitacacas en el baúl?

—No te escucho... el ruido del motor ahoga el sonido de tu voz. Yo me voy, ¡llámame cuando termines!

Y Rendy y el Fantastrineo desaparecieron en el horizonte.

—De acuerdo, entonces... *Ho, ho, ho,* ¡ha llegado Súper Claus! ¡Cuando el juego se pone duro, los duros salen a jugar!

Así que allí estaba Súper Claus, con el antifaz en el rostro y... una caca bajo la bota.

Apenas tuvo que recorrer unos cuantos metros para alcanzar el lugar indicado en la carta.

—¿Jimmy, Lavanda Street, Sydney? —preguntó al tiempo que ayudaba a un niño de pelo rubio a levantarse del suelo.

—Eh... Sí, soy yo. ¿Y tú quién eres? —preguntó a su vez el pequeño.

—¿Cómo que quién soy? ¿No me reconoces? ¡Soy Pap... eh... quiero decir, soy Súper Claus! Papá Noel ha recibido tu carta y me ha enviado en tu ayuda —exclamó Súper Claus, elevando el

LEFT
LANE
ENDS
MERGE
RIGHT

índice al cielo con gesto audaz. Luego, con los brazos apoyados en las caderas, añadió—: ¡Yo te ayudaré con mis poderes!

—Pues la verdad, en tu lista de poderes, te falta el de la puntualidad. Si hubieras llegado un segundo antes, ¡quizá no se habrían comido mi merienda! —puntualizó Jimmy.

—Eh… bueno, un poco antes o un poco después, ¿qué más da? ¡Lo importante es que ahora estoy aquí para ayudarte! Y, además, me vas a perdonar, pero… ¿tú has visto lo grandes que eran esos tipos? —dijo Súper Claus, estrujando su capa entre los dedos con aire asustado.

—¿Y se supone que tú eres el que debería ayudarme? —preguntó el niño, cada vez más impaciente.

—¡No juzgues por las apariencias! Estoy aquí para ayudarte y eso es lo que haré. Porque yo soy el mayor… ¡defensor de niños de todo el mundo!

—¿Más que Ultraman? —preguntó Jimmy, estupefacto.

—¡Por supuesto que sí! —exclamó Súper Claus.

—¿Más incluso que el Capitán Cosmos? —preguntó Jimmy, expectante.

—¡Por supuesto que sí! —exclamó Súper Claus aún más fuerte.

—¿Más incluso que el Hombre Atún? —preguntó el niño, cada vez más emocionado.

—¡Pero qué preguntas son esas! ¡Pues claro que sí! ¡A ese tipo lo derroto yo con un solo dedo! ¡Es más; lo derroto con un colín! —gritó Súper Claus a pleno plumón, hinchando orgulloso el pecho y dándose brillo a la pechera con una mano. De repente se dio cuenta de que Jimmy lo miraba con aire suspicaz—. Eh, ¿qué pasa? —preguntó, titubeante.

—¡Que el Hombre Atún no existe! ¡Me lo acabo de inventar ahora mismo! —dijo el niño, enfadado, por única respuesta.

Súper Claus se puso aún más rojo que sus mallas y balbuceó:

—Pu-pues claro, ¡lo sé perfectamente! Solo quería seguirte el juego... eh...

—Si tú lo dices... —respondió Jimmy sin demasiada convicción. Y se echó de nuevo la mochila

al hombro, con intención de volver a casa.

—¡Eh, espera! —exclamó Súper Claus—. Pero ¿adónde vas?

—A casa, me espera una larga tarde por delante... ¡tengo que hacerles los deberes a Curtis y sus amigos! Además de hacer los míos, claro... —susurró Jimmy con la cabeza gacha.

Súper Claus observó, desconsolado, el rostro de su joven amigo. ¡Le ayudaría, sí, claro que lo haría!

Le siguió y le dijo:

—Venga, vamos, que hoy te acompaño yo a tu casa.

Con los ojos brillantes por la emoción, Jimmy se lo agradeció sinceramente y luego exclamó, emocionado:

—¿Eso significa que tienes un coche superveloz como el todoterreno del Hombre Baño? ¿O un avión nuclear como el de los Tres Fantasmagóricos y Medio? ¿O la motocicleta de carreras del Vengador Fantasma?

Unos cuantos minutos después, ambos iban montados en el autobús número 3, abarrotado como pocas veces.

Jimmy miraba a la calle por la ventanilla y Súper Claus se miraba el pie. En el vehículo empezaba a expandirse muy rápidamente un cierto olor a caca...

Atrapado entre un corpulento músico polinesio que tocaba el ukelele y una jovencita bronceada que volvía de la playa, intentó decir:

—Venga, Jimmy, no te pongas así. Te prometo que la próxima vez iremos en mi Fantastrineo. ¡Tienes que creerme!

El sol de la tarde aún brillaba en el cielo, descendiendo tranquilamente entre las siluetas de los rascacielos de Sydney.

Súper Claus no pudo menos que admirar lo bonita que era aquella ciudad, y lo distinta que era también de su pequeño pueblo allí arriba, en el Polo Norte.

Aún estaba contemplando el paisaje cuando vio que su pequeño amigo pasaba frente a sus ojos, al otro lado de las ventanillas del autobús...

—¡Por todas las luces de Navidad fundidas del Polo Norte! Jimmy se ha bajado en esta parada... ¡Eso quiere decir que hemos llegado! —exclamó

Súper Claus, quien, con un salto felino, bajó del autobús justo antes de que las puertas volvieran a cerrarse—. *¡Ho, ho, ho,* qué poco ha faltado! —dijo mientras se sacudía el traje.

Jimmy lo miró con aire inquisitivo y, unos segundos después, le preguntó:

—Hay algo que no entiendo... si tan súper eres, ¿por qué en el autobús no te ha reconocido ni te ha pedido ayuda nadie?

Súper Claus rio entre dientes bajo su barba blanca y dijo:

—¡Muy sencillo! ¡Porque soy invisible!

—¿Quéeee?

—¡Sí, sí, sí, ya lo sé! Tú puedes verme porque tengo en el bolsillo la carta que me has mandado, digo, que le has mandado a mi amigo Papá Noel —exclamó alegremente.

—¿Entonces, me estás diciendo que SOLO YO puedo verte? —preguntó Jimmy de nuevo.

—¡Exactamente! Solo tú y aquellos que yo decida que pueden verme. Pero ya basta de cháchara s... ¡ha llegado la hora!

—¿La hora de qué? ¿De la acción?

—¡No!

—¿De la aventura?

—No, no y mil veces no.

—¿Del misterio, quizá?

—No... ¡la hora de los donuts de crema! ¡Tengo un hambre de reno! —respondió finalmente Súper Claus.

ESTORNUDILLO UNO Y DOS

—*Aahhh,* ¡qué gozada!

Rendy, después de aparcar el Fantastrineo invisible, fue a tumbarse en una playa solitaria y a disfrutar de unas merecidas vacaciones. No había nada que pudiera alterarlo, ni siquiera su compañero de sombrilla, que estaba escuchando la radio y que no dejaba de lanzarle miraditas.

El periodista, de hecho, justo en aquel momento estaba diciendo:

—¿Efecto invernadero? ¡Se han avistado renos en Sydney!

A la mañana siguiente, a pocos kilómetros de distancia, los pasillos de *Alacamanoteirásinsaberunacosamás,* el colegio al que iba Jimmy, eran un ir y venir de estudiantes.

—¡Oh, no! Otra vez no... —suspiró Jimmy, desconsolado.

Tenía la mochila frente a sí y la estaba mirando: sus acosadores habían usado un rotulador para escribir encima «Estornudillo Dos».

Aquel era el horrible mote que le habían puesto Curtis, Alvin y Brandon, los tres malotes de quinto curso. Cuando empezaron el colegio, Jimmy se había hecho amigo de Timothy, un niño bastante debilucho pero muy simpático. Para su desgracia, padecía un resfriado crónico: entre un estornudo y otro, tenía siempre la nariz llena de mocos, por eso lo llamaban «Estornudillo». Y a Jimmy, su amigo, le habían asignado un mote a juego.

Un poco más allá, Timothy lo saludaba con la mano y una gran sonrisa que dejaba a la vista una aparatosa ortodoncia.

—¡Vaya, amigo! Me parece que te va a hacer falta el quitamanchas —exclamó—. Si quieres lo voy a buscar.

Timothy, de hecho, estaba acostumbrado a las pintadas que le dejaban los malotes del colegio en la mochila y en la taquilla, y tenía siempre a mano un detergente quitamanchas.

—¿Eh? ¡Ah! ¿Me estás diciendo que todas las mañanas te pasa lo mismo? —preguntó Súper Claus, alzando una de sus pobladas cejas blancas y mirando a Jimmy con incredulidad.

Jimmy se dejó vencer por el abatimiento con un segundo suspiro, más profundo si cabe que el primero...

—No, no todas...

—Ah, bueno, ¡menos mal! —exclamó Súper Claus.

—Solo las mañanas que hay colegio... ¡Los fines de semana y durante las vacaciones esto no pasa! —terminó de decir.

—¡Glups! ¡Pero eso no está bien! Ya verás como con un par de consejos... Mira, tú haz como si

no los hubieras visto... —no le dio tiempo a terminar la frase cuando, de la nada, aparecieron Curtis y sus compinches.

—Vaya, vaya, pero mira quién anda por aquí... —empezó a decir aquel prepotente.

—¡Es Estornudillo Dos, Curtis! —dijo con aire bobalicón Alvin, señalándole con el dedo.

—¡Gracias, Alvin, ya me había dado cuenta! ¿No se te habrá ocurrido olvidarte de hacer nuestros deberes de Matemáticas, verdad? —continuó, dirigiéndose a Jimmy—. Ya sabes que la profesora McMath catea a los que no hacen los deberes... y tú no querrás que nos cateen, ¿VERDAD?

—¡Acuérdate de lo que te acabo de decir! —le recordó Súper Claus a Estornudi..., esto, a Jimmy.

Él se armó de valor, y, sin decir palabra, recogió su mochila y se dirigió a su clase.

—Eh, ¡que está haciendo como si no nos hubiera visto! —dijo Brandon, un grandullón pelirrojo que no parecía muy despierto.

—¡Ya me he dado cuenta! —farfulló Curtis por toda respuesta.

—¡Bien hecho! ¡Sigue así! ¡Veo que aprendes rápido! Acuérdate siempre: no hay que dar importancia a lo que hacen los prepotentes. Y los que se comportan como ellos son... ¡una mierdecilla con patas! Y tú no quieres seguirle el juego a una mierdecilla con patas, ¿verdad? —le dijo Súper Claus a Jimmy, muy satisfecho de sus consejos.

Obviamente, ni Curtis, ni sus amigos, ni el resto de los niños del colegio podían ver o escuchar a Súper Claus, pero aquella presencia invisible a su lado hizo que Jimmy se sintiera un poco más seguro de sí mismo.

Los ojos de Curtis se entrecerraron levemente y siseó entre los dientes apretados:

—Así que... *Grrrr...* Si hay algo que me molesta ¡es que me ignoren! ¡Me hace enfadar muchísimo!

Jimmy llegó a clase un cuarto de hora tarde y con los ojos enrojecidos.

—¿Estás bien, Jimmy? Te noto... raro... —le preguntó el profesor Harper.

—¿Yo? Sí, estoy perfectamente... —respondió Jimmy un poco avergonzado, y a punto estuvo de escapársele en voz alta, para que se enterara toda la clase, lo que estaba pensando: «Si no fuera por esos tres».

Fiii, fiuuu, fiiii... Durante el descanso entre clases, Jimmy fue bombardeado por una ráfaga de pegajosas bolitas de papel disparadas con un bolígrafo vacío por parte de Alvin y Brandon, que reían entre dientes.

—¿Sigo haciendo como si nada? —preguntó Jimmy al tiempo que se quitaba una de aquellas bolitas húmedas de la sudadera.

—¿Me hablas a mí? —preguntó Timothy, que se estaba sonando

la nariz después de uno de sus sonoros estornudos.

—¡Por supuesto! —le respondió Súper Claus a Jimmy—. Tengo la sensación de que están a punto de cansarse. Sobre todo por cómo te han tirado las últimas bolitas: ¡ya no tienen la misma puntería que antes!

A la hora del almuerzo, una chica pasó junto a la mesa de Jimmy, y diciendo «¡Gracias!», alargó una mano y le quitó una patata frita del plato. Poco después, otro niño hizo lo mismo.

—¡Gracias! —y otra patata frita desapareció.

Finalmente, la señora de la limpieza le quitó un puñado de patatas fritas mientras sacudía las migas de la mesa, sin ni siquiera darle las gracias.

—Pero… ¿se puede saber qué pasa? —exclamó Jimmy, atónito, frente al plato ahora vacío.

—¿Tú crees que el cartel que llevas pegado a la espalda tiene algo que ver? —preguntó Súper Claus, al que también le habría apetecido una patata frita.

Jimmy se lo arrancó de detrás y leyó: «¡Os *podis komer toas* mis patatas fritas!».

¡Curtis y sus amigos ni siquiera sabían escribir!

De camino a casa, Jimmy tuvo que esconderse detrás de un cubo de basura para evitar que Curtis le encasquetase sus deberes. Y, así, mientras aquellos matones peinaban los alrededores del colegio, Súper Claus y él se quedaron acuclillados muy juntitos junto a aquel apestoso cubo, esperando poder volver a salir a la vista.

—Yo creo que nuestro plan no está funcionando. Quizá deberíamos pensar en otra cosa —sugirió Jimmy—. ¿Eh? ¿Me escuchas? ¿Súper Claus, me escuchas?

Súper Claus tenía los ojos fijos en una caja casi intacta de donuts de crema con una pinta deliciosa.

Cuando por fin estuvo en casa, Jimmy se tiró en la cama y se quedó mirando al techo, pensativo:

—¡Ahora, encima, apestamos! ¡Ya solo nos faltaba eso!

Súper Claus no pudo evitar compartir su infelicidad: si su plan de ignorar a los malotes no había sido suficiente, entonces tendría que idear algo más efectivo.

Estaba echando un vistazo por el dormitorio de Jimmy sin prestar demasiada atención cuando, de repente, vio una foto sobre la mesilla de noche: un retrato de Jimmy con su familia, de vacaciones en el parque de atracciones Escalofríolandia.

Y, entonces, se le ocurrió una idea...

HAY ABUELOS... ¡Y ABUELOS!

—*Ho, ho, ho.* ¡Ya sé cómo ayudarte, Jimmy! —exclamó alegremente Súper Claus mientras saboreaba la mermelada cremosa de su *lamington,* un dulce típico de Australia buenísimo.

—La verdad es que tu madre es... *ñam...* una magnífica cocinera.

—En lugar de comerte MIS pasteles, ¿por qué no intentas explicarme cómo me puedes ayudar? —replicó Jimmy mientras resoplaba y miraba el plato vacío en el que ya solo quedaban unas pocas migas.

—Eh... ¡ah, sí, claro! —dijo Súper Claus, limpiándose las manos con el mantel—. Mira, he pensado

que Curtis también debe de tener familia, ¿no?

—Pues... supongo que sí. Por ejemplo, sé que le tiene mucho cariño a su abuelo —respondió Jimmy con tono inseguro—. Pero esto, perdóname, ¿qué tiene que ver con mi problema?

—¡Tiene que ver, y mucho!

—¡Ya sé! —el niño se tumbó en la cama—. ¡Irás a ver al abuelo de Curtis y... y... le darás un buen puñetazo en la nariz! —Jimmy fingió ser un boxea-

dor—. ¡Y luego le cogerás por el brazo y lo zarandearás como si fuera un muñeco! Eso harás, ¿verdad?

Súper Claus, que se estaba imaginando la escena descrita por Jimmy, palideció y tragó saliva.

—No, no, pues claro que no… Jimmy, yo no pretendo… ¡con violencia no se resuelve nada!

—¡Ya sabía yo que no me podía ayudar nadie! —suspiró Jimmy al tiempo que volvía a tumbarse en la cama—. Entonces, ¿a qué has venido? Si ni siquiera te puedes enfrentar a un abuelo…

—¡Por todas las dentaduras postizas del Polo Norte! —Súper Claus se llevó los puños a las caderas y, elevando el tono de voz, dijo—: ¡Tú me has pedido valor, Jimmy, y el valor no se demuestra con los puños!

—No, claro, sobre todo si el puño te golpea la nariz…

—Quiero decir —prosiguió Súper Claus— que el valor está en compartir el problema, en hablar con la persona adecuada, ¡sin esconderse! Tú, por ejemplo, has sido muy valiente al confiarme…

quiero decir, al confiar... en Papá Noel en tu carta.

—Si tú lo dices... Pero, entonces, ¿me estás diciendo que ahora le vas a escribir una carta al abuelo de Curtis?

—No, lo que voy a hacer es ir a hablar con el abuelo de Curtis.

—*Mmm...* —Jimmy se quedó un momento pensando—. ¿Y piensas ir con los leotardos?

—¡Oye! ¡Resulta que yo soy un mago del disfraz! —dijo Súper Claus mientras hacía ondear una punta de la capa sobre su rostro—. Y esta vez me transformaré en... ¡tu abuelo! Ya verás, la misión terminará hoy mismo. Estoy seguro de que se trata de un amable viejecito: idearemos juntos una solución. ¡Como personas civilizadas!

Pocos minutos después, Súper Claus se dirigía a su misión.

Llamó a Rendy con el silbato que llevaba debajo del traje: el reno debía dejarle un disfraz de abuelo dentro de una cabina de teléfono, en la playa.

Súper Claus no tardó en llegar al lugar de la cita pero...

—¡No me lo puedo creer! ¡Hay un pingüino en la cabina! ¡Aquí también!

Y, a lo lejos, avistó una larguísima cola de pingüinos que esperaban pacientemente su turno.

Asombrado, Súper Claus los observó entrar en la cabina uno detrás de otro y salir provistos de ¡aletas, gafas y tubo de bucear!

Cuando por fin fue su turno, entró y, en cuanto cerró la puerta, escuchó que alguien anunciaba por la radio:

—Pingüinos en Australia... ¿Efecto invernadero?

Minutos después, Súper Claus vestía unas bermudas de flores, chanclas y una camiseta con el lema *«I Love Surf»*.

Acompañado de Jimmy, se dirigió a casa de Curtis, un chalé adosado donde vivía con su abuelo.

—¡Yo me ocupo! —le tranquilizó Súper Claus—. ¡Nos diremos dos palabritas entre adultos! No te

alejes, ya verás qué rápido resolvemos este asunto. Por el momento, sin embargo, es mejor si no te ve... Hablando de «ver»... *¡AY!* —Súper Claus se agarró la coletilla izquierda de la barba y tiró con fuerza: ¡de esa manera, se volvió inmediatamente visible!—. Menudo sistema... ¡Le tengo que decir a Bruna que se invente algo menos doloroso!

Pulsó el interruptor del timbre con el dedo y llamó.

Unos segundos más tarde, el abuelo de Curtis abrió la puerta...

—Eh, buenos días, yo soy... esto, soy el abuelo de Jimmy... ¿Sabe?, creo que mi nieto no se lleva muy bien con el suyo... *¡GLUPS!*

A Súper Claus se le cortó en seco el aliento en la garganta. Frente a él no se encontraba el amable viejecito que se había imaginado: el abuelo de Curtis llevaba la larga melena cana recogida en una bandana roja y azul, un chaleco de cuero sin mangas con tachuelas, debajo una camiseta blanca de tirantes y un par de pantalones desgastados.

Y, en los pies, unas puntiagudas botas de vaquero.

Sin mediar palabra, el hombretón arrastró a Súper Claus dentro de la casa pasándole un brazo alrededor del cuello.

—Eh... disculpe.

Apenas cinco minutos más tarde, Súper Claus salía a toda prisa de la casa.

—¡Vaya, pensaba que iba a ser rápido, pero no tanto! —exclamó Jimmy que, mientras tanto, se

había escondido detrás de un seto no muy lejos de allí—. ¿Lo habéis aclarado todo? ¿Curtis dejará de meterse conmigo?

—Eh... Perdona, tengo prisa... ¿sabes? El abuelo de Curtis me ha pedido que pase por la oficina de correos a mandar un paquete y unas cartas certificadas... y luego me ha pedido que le haga algún que otro recado y... Bueno, me tengo que ir. N-no querría hacerlo esperar... —respondió Súper Claus.

Cuando volvió y empezó a cortar los ingredientes para prepararle la comida al abuelo de Curtis, Jimmy, cansado de esperar, le gritó:

—¡Tú lo único que tienes de súper es que eres una superdesilusión! —y se fue corriendo.

Súper Claus, como si acabara de despertarse de una pesadilla, exclamó:

—Uh, oh, pero... ¡¿qué estoy haciendo?!

LA FUERZA DEL VALOR

Jimmy estaba de morros e iba a lo suyo. La verdad es que no parecía que las estrategias de Súper Claus estuvieran funcionando demasiado bien...

—¡Tienes que creerme, es como si el abuelo de Curtis me hubiera hipnotizado! Si no hubiera sido por ti, ahora estaría en su casa, planchándole las camisas... —admitió Súper Claus, triste.

—Sí, o zurciéndole un calcetín... —añadió Jimmy.

—O rascándole la espalda —prosiguió Súper Claus.

—O cortándole las uñas de los pies —y, mientras lo decía, al imaginarse la escena, a Jimmy se le escapó una media sonrisa.

—¡O cantándole una nana!

—¡O poniéndole la pastilla efervescente en el vaso de la dentadura postiza, en la mesilla de noche!

En aquel momento, los dos se echaron a reír, primero bajito y luego cada vez más alto, hasta que estuvieron tirados por el suelo y les empezó a doler la tripa de tanto carcajearse.

—Ay, Jimmy, ahora sí que entiendo cómo te sientes cuando Curtis se mete contigo...

—Y yo no me avergüenzo ni un poquito de admitir que... a veces, ¡esos tres me asustan de verdad!

—¡No me extraña! Ahora, al menos, estamos juntos en esto. ¿Sabes lo que te digo? Tengo el presentimiento de que pronto encontraremos la solución.

Al día siguiente, sin embargo, la solución que tomaron seguía siendo la de evitar a los tres matones.

Jimmy dio una vuelta mayor para ir al colegio y, antes de salir de clase, esperó a que los pasillos se vaciaran. Unas veces se escondía en el baño, otras en el laboratorio de Ciencias o detrás de las máquinas expendedoras.

Hasta que...

—Oye, ¿Jimmy?

Al niño casi le da un infarto.

El señor Rufus, el profesor de Educación Física y el maestro favorito de Jimmy, lo vio al día siguiente bajo el hueco de la escalera del gimnasio.

—¿Qué haces ahí en el suelo?

—¿Eh? Sí, señor, soy yo... es que... he perdido una lentilla y la estoy buscando.

—¡Ah, no sabía que llevaras lentillas!

«La verdad es que no lo sabía ni yo...», murmuró Jimmy para sí.

—Espera, que te ayudo —y Rufus se agachó para ayudarlo a buscar.

—Oh, gracias, profesor, pero no hace falta. ¡Ya está, la he encontrado! —dijo Jimmy, fingiendo

tener en la yema del dedo la lentilla imaginaria.

—De acuerdo, nos vemos luego, entonces —y Rufus se fue sin sospechar mínimamente que el hueco de la escalera fuera el refugio de su alumno, que se había escondido allí con Súper Claus, que montaba guardia.

Dos horas después, cuando sonó la campana del recreo, Jimmy y Timothy corrieron a esconderse detrás de un seto para disfrutar tranquilos de las aventuras de su superhéroe favorito. Timothy tenía en la mano el último número de *Listoman contra el ejército de los alienígenas gelatinosos.*

Acababan de llegar a la página tres cuando las voces de los demás alumnos, el *pim pam* de los balones y de las mesas de *ping-pong* se acallaron de repente.

¡Curtis y los suyos acababan de llegar!

Y se abrían paso a codazos con aire arrogante, robando bocadillos y riéndose de todos los que se encontraban a su paso.

Jimmy asomó una pizca la nariz desde detrás del seto y espió la escena.

Curtis estaba mirando a su alrededor con aire astuto, haciendo rechinar los dientes como de costumbre.

—Oye, Curtis, ¿a quién buscas? —preguntó Alvin al tiempo que masticaba ruidosamente un bollo de crema que le había arrebatado a alguien.

—*Grrr*... Hace unos cuantos días que Estornudillo Dos no se deja ver. ¡No entiendo dónde se puede haber metido! Sin él, ¿quién demonios me va a hacer los deberes de Matemáticas? —rezongó.

El malote echó un vistazo a su alrededor, pero de Jimmy no había ni rastro. No muy lejos de allí avistó, en cambio, a un grupo de niños que todo el mundo sabía que eran empollones.

—¡Eh, vosotros! —gritó—. Para mañana tengo que entregar unos deberes de Matemáticas... ¡Necesito un «voluntario» que los haga por mí!

El grupillo levantó la cabeza en dirección a Curtis: todos tenían pinta de asustados, y algunos tra-

garon saliva con tanta fuerza que Jimmy los escuchó desde su escondite.

Mientras se acercaba, Curtis señaló con el dedo a un niño con unas gafas de extraña montura roja.

—¡Tú! Está decidido... ¡Tú eres el que va a hacerme los deberes!

El niño balbució algo en un tono de voz demasiado bajo como para que le escucharan.

Entonces, Curtis lo agarró por la pechera y le miró a los ojos.

—¡Haré lo que me pides! —chilló el pobrecillo.

Jimmy se quedó observando la escena junto a Súper Claus.

El niño y Súper Claus intercambiaron una mirada silenciosa, cuando...

—*¡Aaa Aaa Aaaa-ATCHÚUUS!*

El potente estornudo de Timothy hizo eco por todo el colegio, patio incluido.

—¡Pero bueno! —siseó Curtis, volviéndose hacia el seto—. Si dos más dos son tres, entonces ahí detrás debe de estar Estornudillo. Y, si estamos de suerte... ¡también su fiel amigo Estornudillo Dos!

—¡Dos más dos son cuatro, Curtis, lo saben hasta los niños de Preescolar! —exclamó Jimmy, abriéndose camino entre las hojas.

—Vaya, Estornudillo Dos, ahí estás. ¡Justo me estaba preguntando dónde te habrías metido! —rio Curtis maliciosamente—. ¿Has venido a implorarme que te deje hacer mis deberes de Matemáticas en su lugar? —dijo, soltando al otro niño.

—No... Yo no te voy a hacer los deberes, ni él tampoco. ¡Ni ningún otro! ¿Entendido? —gritó con todas sus fuerzas Jimmy, haciendo gala de un valor que no sabía que tenía.

¿2+2=3?
¡Y YO QUE PENSABA QUE ERAN 22!

Súper Claus le guiñó un ojo para animarlo.

En torno a Jimmy y a los matones se había reunido la mitad del colegio.

—Vale, ahora sí que me has cabreado —soltó Curtis—. ¡Acércate y repíteme eso que me has dicho, si tienes valor!

—¡PUES CLARO QUE TENGO VALOR! —y su voz se perdió en el aire.

En aquel momento, disparado como un rayo, salió corriendo.

Un gran *«OHHH»* de desilusión se alzó del grupillo de alumnos, mientras en los rostros de Curtis, Alvin y Brandon, que no se molestaron en seguirlo, aparecían sonrisitas complacidas.

—¡Felicidades! *¡Uhhh,* qué valiente! —le gritaron, metiéndose con él—. Ja, ja, ja... —y se alejaron, riendo entre dientes y dándose palmadas en la espalda.

—Jimmy, ahora no puedes dejarlo... ya has llegado muy lejos... *plonf... plonf...* —a pesar del duro entrenamiento al que le había sometido Rendy,

a Súper Claus le estaba costando bastante mantenerle el paso al niño.

—¿Qué? Pero ¿no has entendido nada? —dijo Jimmy, sin detenerse—. ¡Yo no quiero escapar!

—¿Y dónde estás yendo, entonces?

—Si algo me has enseñado, Súper Claus, es que los problemas no se esconden... ¿Te acuerdas? ¡Fuiste tú precisamente quien me lo dijo! ¡Y también me dijiste que hay que hablar con gente que pueda ayudarte! —concluyó el niño, que ya le sacaba una ventaja de al menos cien metros.

Lo último que llegó a los oídos de Súper Claus fue un lejano:

—¡¡¡Espera y verás!!!

UN CASTIGO JUSTO

*R*IIING.

La campana anunció el fin del recreo. Los alumnos volvieron a los pasillos, cada uno derecho a su clase.

Iban hablando de Jimmy y de lo mal que había quedado:

—«¡Pues claro que tengo valor!» —iba diciendo Brandon, imitando a Jimmy.

—Claro que lo tiene... ¡bajo la suela de las zapatillas! ¡Ja, ja, ja! —añadió Alvin.

—¡Sí, por supuesto! ¿No lo habéis visto? Ha salido corriendo... ¡porque se lo había dejado en algún

sitio y tenía que ir a buscarlo! ¡Ja, ja, ja! —concluyó Curtis.

Y así se iban riendo los tres.

A Curtis, sin embargo, las risas se le quedaron atascadas en la garganta cuando pasó frente a su taquilla.

Entrecerró los ojos y, siguiendo las líneas con el dedo, leyó muy despacio las palabras escritas con rotulador permanente en la puerta.

¡Hola, Curtis!
Cuando leas esto, estaré con Rufus. ¡Te lo dije!
¡Yo sí que tengo valor de verdad!
Jimmy

Echando humo por las orejas, Curtis se dirigió a grandes zancadas hacia la sala de profesores.

—¡¿Qué habrá querido decir?! —repetía una y otra vez mientras iba subiendo los escalones de dos en dos.

—Quizá quiere jugar al escondite con nosotros —aventuró Alvin.

Brandon también quiso dar su opinión:

—¿Y si fuera una trampa?

—¿Qué dices? ¡Menuda tontería! Estornudillo Dos tendiéndonos una trampa... —pero no pudo terminar la frase.

Cuando llegaron al primer piso, la puerta de la sala de profesores se abrió.

Dentro estaba Jimmy, sentado frente al escritorio y...

Sonreía satisfecho.

Súper Claus, si alguien hubiera podido verlo, estaba de pie junto a él y miraba con ojos golosos los caramelos que había en un bol. Rufus los tenía allí para consolar a los niños por los pequeños accidentes que podían sufrir durante los entrenamientos.

El musculoso profesor, pocos segundos después, llevaba agarrados, uno en cada brazo, a Brandon

y Alvin. Era evidente que se dirigía al despacho del director. Curtis precedía al curioso trío, avanzando al ritmo de los pasos de Rufus.

No se escuchaba más que *¡ay!, ¡oy!, ¡uy!, ¡ayayay!* ¡El pasillo era muuuy largo!

En cuanto atravesaron el umbral de la puerta de la dirección y esta se cerró a sus espaldas, los gritos de alegría se elevaron por todo el colegio.

—¡Ya era hora!

—¡Por fin!

—¡Oh, sí, esos tres se merecen una buena lección!

Es fácil imaginarse cuál fue el recibimiento que le esperaba a Jimmy cuando todos los alumnos del colegio lo vieron llegar.

—¡Viva, Jimmy, eres un grande! —y aquel halago fue especialmente agradecido, porque provenía de Ivy, la chica más guapa del colegio.

El grupo de los empollones se quedó mirando a Jimmy con la boca abierta, en total admiración silenciosa.

Timothy, en cambio, no se quedó callado.

—¡Eres legendario! —dijo y, tomando carrerilla, ¡saltó a sus brazos!

—Gracias a todos, pero... —Jimmy se sonrojó hasta el cuero cabelludo—. ¡En el fondo, si esto lo pensábamos todos, se nos tenía que haber ocurrido antes! ¡Mirad cuántos somos nosotros! Y ellos, en cambio, no son más que tres...

Tras aquellas palabras, se elevó una multitud de gritos de júbilo.

Aquel día, en las aulas fue prácticamente imposible dar clase.

Las siguientes horas fueron las mejores que Jimmy pasó en aquel colegio.

Por los pasillos todo el mundo le saludaba y, a la hora del almuerzo, el grupo de los chicos más populares le reservaron un sitio especial.

—¡Guau! Todo esto es... ¡legendario! —exclamó, chocando los cinco con Súper Claus mientras caminaba por el patio con la cabeza bien alta.

—¡Fantástico! ¡Excepcional! ¡Superlativo! —añadió Súper Claus, cautivado por la repentina ola de fama de su pequeño amigo.

Dando vueltas por el colegio, Curtis y sus dos amigos marchaban de buena gana a las órdenes de Rufus, que decía:

—En cuanto hayáis terminado de meter los uniformes y los calcetines apestosos del equipo de rugby en el cesto de la ropa sucia, iremos al comedor.

—¡A sus órdenes, señor! —respondían a coro los tres, en posición de firmes.

—Disculpe el atrevimiento, señor... —intentó decir Curtis— pero, en el comedor, ¿podríamos almorzar? Llevamos limpiando tres horas y... tenemos hambre.

—¿Almorzar? ¡Por supuesto que almorzaréis! Pero solo después de que hayáis raspado los chicles secos de debajo de los bancos, las mesas, las sillas y las gradas de todo el colegio. Ah, mirad, ¡aquí están las espátulas!

—Demo... eh... quiero decir, gracias, señor...

—¡Les está bien merecido! —se complació Jimmy, eufórico—. Es más, Súper Claus, ¿sabes lo que te digo? Desde ahora, ¡basta de hacer los deberes todas las tardes!

—*Ho, ho, ho,* Jimmy, ¿y eso qué significa?

—Quiero decir que haré que Alvin o Curtis los hagan por mí. Claro que sí, ya no me dan tanto miedo...

—¡Bien dicho, Jimmy! —intervino Timothy, sonándose la nariz—. Por favor, ¿podrías obligarme a que te lleve la mochila todas las mañanas?

—Claro, claro, amigo mío. *No problem...* —respondió Jimmy, mirándose las uñas con indiferencia.

Súper Claus, invisible pero presente, esperó a que Timothy se alejase y luego habló con Jimmy.

—Querido Jimmy, ¡¿he oído bien?! Bueno... quería preguntártelo personalmente: ¿tú has escuchado lo que estabais diciendo?

—¡Oye, que tengo las orejas en el mismo sitio de siempre!

—No te hagas el gracioso, sabes muy bien a lo que me refiero. «Haré que me hagan los deberes...», «obligarles...», ¿qué te parece?

—¡Ay, madre Súper Claus! ¿De verdad hemos dicho eso? ¿De verdad, de verdad?

—¡Sí que lo habéis dicho! ¡Vaya que sí!

—Ay, ¡pero nosotros no somos así! Qué vergüenza... Menos mal que estabas tú aquí para decírmelo. ¡Si no, Timothy y yo podríamos habernos convertido en peores matones que ellos!

—*Ho, ho, ho,* tranquilo, no exageres... ¡pero, de todas maneras, tienes que tener siempre alta la guardia! A veces, pasarse al lado de los malos es tan fácil como beberse un batido.

—De acuerdo... ¡me acordaré de eso cada vez que me beba un batido!

—¿¿¿Lo dices en serio???

—¡Sí, y más a menudo si puedo! La verdad es que eres muy súper, ¡mucho más que mis superhéroes preferidos!

—Venga, Jimmy, no bromees... ¿más que el Capitán Cosmos?

—¡Más, mucho más!

—¡¿Más que Ultraman?!

—¡Ni lo dudes!

—Más que... ¡¿el Hombre Atún?!

—¡Pues claro! Y pensar que al principio pensaba que solo eras un viejecito con sobrepeso... Ah, toma, casi me olvidaba —Jimmy sacó de su mochila el legendario cómic *Listoman contra el malvado Doctor Ninja*—. ¡Esto es para ti! —dijo.

—¡¿Para mí?! Pero... parece un número de colección... ¡debe de valer un montón! —replicó Súper Claus.

¡Estaba emocionado!

Él, justo él... recibiendo un regalo de un niño... ¡Aquello no había sucedido nunca antes!

—Efectivamente, es un número rarísimo. Así, cuando quiera releerlo, ¡le escribiré otra carta a Papá Noel!

Los dos se abrazaron con cariño.

Rendy, que había aparcado el Fantastrineo allí cerca, invitó a Súper Claus a subir a bordo.

—¡Veeenga! ¡¿Te das prisa, o qué?! ¡Tienes que ayudarme a echarme crema! ¡No sabes cómo me escuece!

EN ESPAÑOL, LOS CÓMICS SE LLAMAN TRADICIONALMENTE TEBEOS POR LAS SIGLAS DE UNA DE LAS PRIMERAS PUBLICACIONES DE HISTORIETAS EN ESPAÑA, QUE SE LLAMABA ASÍ, *TBO*.

El reno tenía los hombros y el lomo rojos como un tomate.

Normal... ¡se había pasado todo el tiempo al sol!

—¡Adiós, Jimmy, amiguito!

Súper Claus reía mientras los potentes motores a propulsión del Fantastrineo retumbaban en el cielo de Sydney. Y, contemplando la ciudad desde lo alto, volando sobre los edificios, trató de localizar la casa de Jimmy. Aún no se había marchado y ya le estaba echando de menos...

En algún lugar, allí abajo, Jimmy seguía con la mirada, asombrado, la estela que el Fantastrineo dibujaba en el cielo.

—Vaya, vaya... ¡era verdad que tenía un coche superveloz! Pues claro que sí, ¡Súper Claus nunca dice mentiras!

RONQUIDOS BIEN MERECIDOS

Rendy estaba inmóvil en el sofá, con el lomo al aire y un pequeño ventilador apuntando hacia la quemadura.

Al volante del Fantastrineo estaba Súper Claus: su sonrisa empezaba en una oreja y terminaba en la otra. No se lo podía creer: ¡el cuadro de comandos le atraía casi tanto como una tarta de frambuesas!

—¿Un bocadillito, Rendy?

—No.

—¿Zumo de arándanos?

—No, gracias.

—¿Un heladito?

—No, no, gracias, no quiero.

—¡Por todos los carámbanos del Polo Norte! ¿Ni siquiera un heladito? ¿Seguro, seguro?

—Pues la verdad... —dijo el reno—, seguro, seguro no estoy —unos segundos después, suspiraba aliviado por el frescor del helado—. ¡Gracias, tú sí que eres un verdadero amigo, un superamigo! —y los hombros y el lomo también se lo agradecieron silenciosamente.

—*¡Ho, ho, ho,* Rendy, tú descansa, recupérate, relájate! Toma también el cómic que me ha regalado Jimmy —dijo, tendiéndoselo—. Ya verás, no te va a dar ni tiempo a terminártelo antes de que lleguemos. Lo tengo todo bajo control. ¡Polo Norte, allá vamos! —y se puso a apretar interruptores, tirar de palancas, girar pomos, pulsar

aceleradores—. ¡Sí, eso es! Más rápido que la luz... Rendy, ¡no sabes cuánto me gusta!

Al alcanzar demasiado deprisa la ultrahipervelocidad, el Fantastrineo empezó a dar bandazos.

El sofá, con Rendy encima, empezó a dar botes, el timón a temblar, el baúl... estalló, expulsando su contenido por doquier.

—Quítame esto de encima... —un par de calzoncillos de franela había ido a parar sobre la cabeza de Súper Claus—. ¡No veo nada, vamos a choc...! —gritó.

¡BUUUUUUUUUM!

—Vamos no, ya lo hemos hecho. Nos hemos chocado... no, más bien, algo se ha chocado contra nosotros. Vaya, parece que tenemos invitados.

Un águila real estampada contra el parabrisas del Fantastrineo los miraba con ojos siniestros. La punta del pico se le había quedado clavada en el cristal.

—¡Por todos los plumíferos desplumados del Polo Norte! —gritó Súper Claus tras quitarse los

calzoncillos de la cabeza—. ¡Es un rarísimo ejemplar de Águila Colérica Real! ¡Qué suertudos! Ten un segundo de paciencia, pequeña...

Y, diciendo aquello, con uno de sus grandes dedos, empujó delicadamente la punta del pico del animal y lo desencajó del cristal.

—¿Pequeña? ¿Has dicho pequeña? Jefe, ¿pero la has visto bien?

—*Ho, ho, ho*, ¡pues claro que sí! ¡Siempre había querido ver una! ¡Qué bonita!

La majestuosa ave, mientras tanto, se alejó con un solo batir de alas, pero sin perder de vista aque-lla extraña caja de hierro voladora en cuyo interior había unos seres muy extraños.

—Eh, Rendy, ¿crees que podrías volver tú a tomar los mandos? Hay un pequeño problema...

Esta vez, era el índice de Súper Claus el que se había quedado pillado en el cristal.

—Sí, sí, jefe, los retomo ahora mismo. Pero tú, por favor, mantén el agujero cerrado con el dedo, porque de lo contrario se iniciará la despresurización de la cabina y...

—¿Qué? ¿Qué dices, Rendy?

Demasiado tarde. Súper Claus había quitado el dedo. La despresurización acababa de empezar.

El Fantastrineo iba de un lado a otro como loco, cambiando de dirección a su aire.

—¡Rendy, haz algo, no te quedes ahí moviendo el trasero por los aires!

—Pero si no tengo el trasero por los aires, es el Fantastrineo que... ¡se ha dado la vuelta!

Rendy y Súper Claus viajaban boca abajo: estaban recorriendo a vuelo raso la estepa rusa y podían ver muy de cerca los grandes ojos estupefactos de los antílopes.

—*¡Aaaaaahhhhh!* —chillaba Rendy.

—*¡Ooooohhhh!* —gritaba Súper Claus—. Toma, Rendy, mastica esto, ¡rápido!

—¿Chicle de fresa? Perdona, pero, ¿te parece el momento adecuado?

—¡Fíate de mí y mastica lo más rápido que puedas! —dijo Súper Claus al tiempo que le metía a Rendy en la boca un puñado de chicle rosa.

En unos segundos, el problema quedó resuelto: con un llamativo tapón pegado al parabrisas, el Fantastrineo recuperó inmediatamente un equilibrio estable.

—Si se enterase Bruna, no le iba a gustar...

—¡Lo sé, lo sé, ya lo sé! Le diremos que era una cuestión de vida o suerte... esto, quiero decir, ¡de vida o muerte!

Cuando llegaron al Polo Norte, el sol ya se había puesto.

Todo estaba en silencio alrededor de la casa de madera de Papá Noel.

Cuando entraron, todo se les antojó muy... extraño. En el fondo, solo habían estado lejos unos pocos días, pero aún tenían en los ojos y en la nariz los colores y los aromas de la lejana Australia.

—*¡UUUUUAAAA...* buenas noches! —Papá Noel se estiró, bostezando, mientras se ponía el camisón.

—Sí, buenas noches a ti también, jefe. ¡Qué cansancio! —repitió Rendy.

—*Ho, ho, ho* —dijo Papá Noel, y sus párpados empezaron a caer lentamente, primero uno y luego el otro—. Tendrías que haber visto a aquel abuelete colosal, cómo le metí en cintura...

—Sí, sí, soy todo orejas. Quiero saberlo todo, venga, cuéntamelo... —fueron las últimas palabras de Rendy antes de desmoronarse sobre el sillón.

Papá Noel, tumbado en la gran cama, ya soltaba sonoros ronquidos bien merecidos.

SUPERPREMIO ESPECIAL PARA EL BBB

—Ñiiiiiic... tic tic, tap tap, pum pum...

—¡Shhhh!

—Ñiiiiiic... tic tic, tap tap, pum pum...

A Rendy lo despertaron unos sonidos sospechosos que provenían de algún lugar muy, muy cercano.

Abrió los ojos, pero en la habitación había poca luz y tan solo consiguió distinguir pequeñas siluetas en movimiento...

Estiró una pata desde el sillón en el que se había quedado dormido como una piedra e intentó despertar a Papá Noel.

—¿Papá Noel? Eh, Papá... —susurró—. Aquí está pasando algo raro. ¿Por casualidad no habrás invitado a unos cuantos amigos a dormir a casa sin decirme nada?

—¿Dormir? Sí, sí, qué placer. *Ho, ho, ho,* dormir... *zzzzzzzzz...*

No parecía haber entendido bien, porque volvió a dedicarse a una de sus actividades preferidas: dormitar.

Pocos segundos después, sin embargo, se vio obligado a levantarse.

¡PATAPÚM!

—¡Cielosrayoscarambolas! ¡Perdónperdónperdón, señor, no lo he hecho aposta!

—¡¿Eh?! —Papá Noel se incorporó en la cama de un salto como un muelle—. ¡Por todos los pijamas a lunares del Polo Norte, seas quien seas, baja inmediatamente de mi colchón!

Estaba apuntando con el índice a un pequeño elfo que, de la vergüenza, se había encogido aún más si cabe.

—¡Perdone, jefe! Me he tropezado con la alfombrilla... —dijo el elfo mientras, con gran sonrojo, se levantaba de la funda nórdica sobre la que acababa de caer de morros.

—¿Te has hecho daño? No entiendo nada... —farfulló Papá Noel.

Pero, en cuanto encendió la luz... ¡lo entendió todo!

—¡BUENOS DÍAS! —gritó la cuadrilla de los elfos al completo frente a sus ojos incrédulos—. Disculpe la intrusión, señor —dijo Flock, el jefe de los elfos, haciendo una respetuosa reverencia—. Apenas asoman las primeras luces del alba, es cierto, pero nosotros... nosotros... ¡Nos moríamos de ganas de entregarle ESTO! —concluyó el elfo, atropelladamente.

Acto seguido, plantó una placa de madera con un magnífico marco dorado en las grandes manazas de Papá Noel.

Este entrecerró los ojos y alejó la placa para enfocar bien...

—Dámela a mí, jefe —dijo rápidamente Rendy—. Creo que te has olvidado las gafas para ver bien de cerca en Australia. Veamos...

Se aclaró la garganta y leyó en voz alta lo que había escrito en la gran placa enmarcada.

> Premio especial del jurado al BBB –Bigote Blanco Bonachón– para el señor Papá Noel, que ha demostrado su generosidad al convertirse en el personaje Súper Claus, que acude a socorrer a todos los niños del mundo.

—¿Has visto, jefe? ¡Es un premio precioso, y es todo para ti!

—¿Eh? ¿Un premio? Para mí... ¿todo para mí?

—Por supuesto que sí, señor. El jurado de los elfos, mientras ustedes estaban en misión, también ha otorgado al elfo Vick el premio al Bigote Bonito y Refinado.

Entre aplausos, Vick dio un paso al frente: sus grandes bigotes rubios le daban la vuelta a las

orejas y volvían de nuevo a la nariz, anudados en un precioso lazo en forma de abeto.

—Le informamos también que el jurado ha elegido a la señorita elfa Bea por la mejor Barba Bribona.

Bea, con su mono rosa y su trenza, avanzó entre aplausos.

—¡Qué maravilla! Yo... no sé cómo daros las gracias, estoy realmente emocionado... —decía Papá Noel mientras se apresuraba a colgar su trofeo sobre la cama, provisto de clavos y un martillo.

—De nada, señor, de nada... —respondió Flock—, pero la cosa no acaba aquí...

En ese momento, el jefe de los elfos dirigió la mirada hacia Rendy, que estaba sentado en un sillón... fingiendo que a él, todos aquellos maravillosos premios, no le importaban un comino.

—¡Esto es para usted, señor Rendy!

El reno se puso en pie lentamente y recibió su premio: se trataba de una placa en la que se leía

«Cuernos Intrépidos: reno amigo de los niños», concedida a Rendy por su «activa y eficaz colaboración en la misión especial de Súper Claus».

A Rendy no le dio tiempo ni a dar las gracias: se desmayó en el sitio. ¡La emoción lo había superado!

Papá Noel intervino inmediatamente:

—¡Arriba, arriba, amigo mío! ¡Abre bien las narinas y aspira fuerte esto! —y le puso bajo la nariz una caja de potentes bombones de ginseng con aroma a canela.

En cuanto Rendy olió aquel aroma, se recuperó inmediatamente y no pudo contenerse: tuvo que dar tres vueltas a la habitación y terminó colgado de la lámpara.

—*¡Ho, ho, ho,* no fallan nunca! Los tengo siempre en el cajón de la mesilla de noche, ¿sabéis?, y poco antes de partir al Gran Vuelo Mágico, basta con darles un mordisquito y... ¡no hay quien me pare!

—Por cierto, señor —dijo Flock, el jefe de los elfos, que observaba la caja un poco perplejo—, ya está todo preparado para el Gran Vuelo: los regalos, presentes; las campanillas, tintineantes; los renos, ¡pimpantes!

—*¡Ho, ho, ho,* siempre tan previsores, mis queridos duendecillos! Pero ¿no os parece un poco pronto para ponerse a pensar en la Noche Mágica? Al fin y al cabo, todavía faltan... —y entonces Papá Noel se puso a buscar el calendario que acababa de quitar de la pared para hacerle espacio a la placa.

—¡Pocas horas, señor! —anunció ansioso Flock mientras consultaba su reloj de pulsera.

—Oh, no lo dirás en serio, ¿verdad? —soltó de repente Papá Noel.

A juzgar por su expresión, el duendecillo lo decía completamente en serio.

¿QUÉ DÍA ES HOY? ¡MÍRALO EN TU CALENDARIO Y ESCRÍBELO AQUÍ ABAJO!

____

—*¡Ho, ho, ho! Merry Christmas!* ¡Entonces tengo que darme mucha prisa! ¡Rendy, dame uno!

Y el reno, que aún estaba colgado de la lámpara, apuntó y... ¡lanzó un bombón directo a la boca de Papá Noel! En aquel momento, corrió al baño como un rayo y salió medio segundo después sin el pijama y con su tradicional traje blanco y rojo puesto.

«*Ho, ho, ho,* entonces... —rumiaba para sí mientras salía de casa— todavía tengo que ir al taller de Bruna para resolver el problema del cinturón de seguridad, tengo que comprobar que el parche del saco aguante, pulir los cuernos de mis nueve renos...»

Los elfos, que salieron de la habitación poco después, parloteaban entre ellos.

—Entonces, ¿está decidido? —preguntó Vick.

—Claro, me parece que estamos todos de acuerdo, ¿no? —respondió Flock.

—Pues tenemos que empezar a preparar inmediatamente el nuevo concurso «Cuernos Intrépi-

dos» para el año que viene. Pero ¿cómo salen los cuernos? ¿Tendré que regarme la cabeza? —se preguntaba la elfa Bea.

Rendy escuchó toda la conversación, deseando de corazón haber oído mal...

Las horas pasaron muy deprisa, pero Papá Noel consiguió hacer todo lo que tenía programado.

Y cuando la última luz del día desapareció en el horizonte, en la atmósfera gélida e inmóvil del Polo Norte retumbó un grito que despertó a todas las criaturas escondidas en sus madrigueras.

—*¡Ho, ho, ho!* ¡Feliz Navidad! *Merry Christmas, Joyeux Noel, Fröliche Weihnacthen, Geseënde Kersfees, Buon Natale, Kala Christouyenna...* ¡Vamos, renos, guiad mi trineo por los cielos de todo el mundo! Rodolfo, enciende la nariz... ¡que nos vamos! *¡Ho, ho, ho!*

La silueta del trineo y de los renos no tardó en perderse en la lejanía.

¡La Gran Noche acababa de comenzar!

Vamos, renos, ¡manos a la obra!

Aquella noche, el trineo sobrevoló los tejados de ciudades y pueblecitos. Papá Noel, por supuesto, no se olvidó de las cabañitas perdidas en el campo.

No había chimenea que se le resistiese, ni carta de la que se hubiera olvidado: como siempre, todos los niños, al despertarse, encontrarían sus regalos bajo el árbol.

—*Ho, ho, ho,* niño Erik, casa de ladrillo rojo... ¡aquí tienes tus guantes de boxeo!

Y Papá Noel se deslizó mágicamente chimenea abajo.

—*Ho, ho, ho,* niña Isabel, habitación rosa del chalecito rosa... aquí tienes tus puntas de ballet y el tutú rosa —y, dicho aquello, el regalo de Isabel apareció debajo de los calcetines rosas colgados de la chimenea—. Para los gemelos Marcos y Andrés, aquí está la bicicleta tándem de carreras...

—Y para Alicia, que le encanta la Química, ¡aquí están las probetas para hacer experimentos!

En resumen, todo era un ir y venir del trineo a los tejados, sin que Papá Noel parara un solo segundo. De hecho, aquella vez trató de ser más rápido que de costumbre...

—¡Por todos los polvorones de almendra del Polo Norte! ¿Esto qué es? —se había preguntado, sorprendido, cuando aquella noche entregó su primer regalo.

En cuanto vio fuera del saco el paquete azul para la niña Carol, se dio cuenta de que había un papelito grapado al lazo. ¡Un papelito que parecía una tarjeta de visita!

Papá Noel, después de iluminarlo bajo la nariz encendida de Rodolfo, leyó: «Escucha, niña, ¿necesitas ayuda con algo? ¡Llama a Súper Claus, acudirá rápido como un galgo!».

En aquel momento, sacó otro regalo al azar... y vio el mismo papelito grapado: «Escucha, niño, es-

toy hablando contigo. ¡Llámame si necesitas ayuda de un amigo! Súper Claus».

—*¡Ho, ho, ho!*—Papá Noel, mirando a Rodolfo a los ojos, exclamó—: ¡Así que esto era a lo que se refería hoy Rendy...! Me dijo que los regalos tenían una sorpresa para mí también. ¡Desde hoy, todos los niños del mundo sabrán que pueden contar con Súper Claus!

El saco de regalos que había en el trineo estaba casi vacío cuando Papá Noel pasó sobrevolando Australia.

No pudo evitar mirar hacia aquella casa de Sydney que tan bien conocía.

Y sí, el niño que había en la ventana, envuelto en una manta y con los ojos clavados en el cielo ¡realmente parecía su Jimmy!

—¡Por todos los Vuelos Mágicos del Polo Norte! La aurora asoma... Renos míos, ¡es hora de volver a casa!

Y, así...

Los renos y Papá Noel concluyeron el trabajo sin obstáculos y aterrizaron delicadamente en el Polo Norte.

Papá Noel estaba tan cansado que, en cuanto salió del trineo, se metió en su blanda cama y durmió, durmió y durmió... y aún estaba roncando cuando un cálido rayo de sol atravesó la ventana, apuntando directamente a su ojo derecho.

—¡Suelta ya esa linterna, Rendy! ¡Ni bajo tortura te diré dónde he escondido los bocadillos!

Pocos minutos después, un segundo rayo de sol le alcanzó en el centro de la frente.

—¡De acuerdo, vale, me rindo! ¡Los bocadillos están en la biblioteca, detrás del mapamundi! Pero ya vale, no me hagas cosquillas, ah...

—¿Me has llamado? —preguntó Rendy desde la cocina—. ¿Quieres que te prepare unos bocadillos?

—¡Pero qué bocadillos ni qué bocadillos! —finalmente, Papá Noel se había despertado del todo y, abriendo los ojos, exclamó—: Ya ha salido el sol y tú solo piensas en comer... ¿Me prepararías un sándwich de queso?

—¿Un bocadillo y un sándwich de queso? Es cierto que la Gran Noche Mágica da muchísima hambre, pero...

Papá Noel luchó por liberarse de las suaves mantas para levantarse de la cama, y, finalmente, siguió el consejo de Rendy. Se decidió por un desayuno ligero: tres sándwiches de queso, dos donuts de chocolate, dos donuts de crema, un tazón de leche, zumo y palomitas de maíz. En el

fondo, no tenía tanta hambre, así que al final renunció a su habitual tarta de frambuesa.

—*Ho, ho, ho,* Rendy, hoy han salido dos, exactamente dos, rayos de sol. ¿Sabes qué quiere decir eso?

—¿Que los osos se despiertan de su hibernación?

—Eh, puede, pero no me refería a eso...

—¿Que en pocos meses la naturaleza despertará y las primeras lindas florecillas asomarán de entre la nieve?

—¿Qué? Ah, sí, claro, así es, pero no me refería a eso...

—Quizá, entonces... ¿que tendrás que llevar a tus renos a pastar al aire libre?

—¡No, no, que no es eso! Me refería a que si no me doy prisa, no me va a dar tiempo a probar mis nuevos patines de hielo. ¿Cómo voy a hacerlo si la nieve ahí afuera se derrite?

Rendy dio media vuelta, resoplando (Papá Noel, afortunadamente, no se dio cuenta) y se dirigió

al cuarto que llamaba «cuarto de las cosas», porque allí dentro había un poco de todo.

Abrió la puerta y...

Papá Noel estaba nerviosísimo. Esperaba ansioso sus patines y tenía los ojos clavados en la puerta entreabierta.

Aquellos segundos se le antojaron horas: esperaba, tieso como un palo por la emoción...

Finalmente, Rendy salió de la habitación. Entre los cuernos se le habían quedado enredados un calcetín de lana y el anzuelo de una caña de pescar, que colgaba rozando el suelo.

Papá Noel tuvo que esforzarse por reprimir las carcajadas.

—¡Ya vale, o me los llevo ahora mismo de donde los he sacado! —protestó Rendy, que llevaba en los brazos tres nuevos y flamantes patines de cuero.

—*¡Ho, ho, ho!* ¡Qué bien, si has encontrado hasta el patín de repuesto! —exclamó Papá Noel, saltando de una pierna a otra de la alegría—. ¡Te adoro! Me los corro ahora, y salgo poniendo a probarlos.

—Mejor si te los pones ahora y sales corriendo a probarlos —empezó a decir Rendy, pero Papá Noel ya estaba en el suelo, con las piernas enredadas una con otra.

—Igual llevas razón —admitió.

Sobre la superficie congelada del pequeño lago, que estaba a cuatro pasos de reno de la casa, Papá Noel se divertía como un loco.

—*¡Alehop!* ¡Mira, Rendy! ¡Ahora hago un triple salto mortal con deslizamiento!

—¡Antes deberías aprender a ir derecho!

—¿Qué dices? No te escucho, Rendy, el patinaje es un deporte muy ruidooooooooooooosooo. *¡PLONC!*

—Retiro lo dicho: antes deberías aprender a mantener el equilibrio —Rendy corrió a ayudar a su amigo, lo agarró por la cintura y trató de levantarlo.

Imposible.

Papá Noel se revolvía, tratando de levantarse él solo, pero el desayuno de hacía un rato había

añadido unos cuantos kilos a su peso, ya de por sí considerable.

De repente, otro fortísimo *PLONC* retumbó en el aire, seguido de unos cuantos *pum, pum, pum* cada vez más cercanos.

Papá Noel miró a Rendy.

Rendy miró a Papá Noel... Un enorme chichón le estaba creciendo a toda velocidad en la frente. Ni siquiera el gorrito rojo podría ocultarlo.

—Eh, Rendy, pero ¿me has escuchado? ¡No pongas esa cara! ¿O acaso no sabes que no deberías preocuparte? Para Súper Claus siempre es momento de una nueva... ¡FANTAVENTURAAA!

—Ay madre, jefe. ¿Se te ha dado la vuelta el cerebro? ¿Es por el golpe? ¿Estás bien? No te preocupes, ahora llamo a las urgencias médicas élficas...

—Amigo mío, no has entendido nada: ¡lo que acaba de caer del cielo debe de ser un mensaje! ¡Una petición de ayuda para Súper Claus!

Papá Noel recobró fuerzas para levantarse, y, entonces, recogió el pesado objeto que le acababa

de caer en la cabeza y lo examinó cuidadosamente.

—A ver, a ver, qué tenemos aquí... forma esférica. Parece un balón. Color marrón... *mmm... snif, snif...* olor... más bien incierto. Ya lo tengo, ¡está claro! ¡Lo que me acaba de caer del cielo es un balón... escamoso!

—Ah, bueno, entonces está mucho más claro... —dijo Rendy en voz baja cuando, de repente—: ¿Papá Noel? ¿Tú también lo oyes?

—¿El qué? ¿Te refieres a ese fortísimo *CRIIIIIIC* que hace el hielo al romperse porque le ha caído encima un balón escamoso de dos kilos?

—Sí, sí, a eso mismo me refiero. ¡¡¡Correeeeeee!!!

UN INSÓLITO Y EXTRAÑO MENSAJE

Frente a la chimenea encendida y con el secador apuntando a los pies, Papá Noel y Rendy observaban el balón que estaba en el suelo.

—¿No se mueve? —preguntó Rendy.

—¿Y cómo se va a mover? ¡No seas bobo! —afirmó Papá Noel, rascándose la barriga.

—Si dices que es un mensaje, entonces tenemos que abrirlo —añadió el reno.

—*Ho, ho, ho,* ¡pero eso es obvio! —dijo Papá Noel.

Rendy estiró la mano para agarrar el extraño objeto.

—Eh... jefe... parece que esta cosa está caliente... y también parece que vibra un poco.

—¡Por todos los sellos despegados del Polo Norte, Rendy! ¡Eres un cobardica! ¡Déjame a mí! —Papá Noel se agachó para recoger el balón y—: ¡¿Eh?! *¡Soooooo soooooo SOCOOOOOORRO!* —se puso a chillar a pleno pulmón.

En cuanto rozaron la superficie rugosa del balón, este se abrió y... ¡se puso a caminar a cuatro patas!

Se dirigía lentamente hacia Papá Noel, que se subió de un salto a la silla más cercana, temblando como una morsa friolera.

—Vete... vete por favor... —Papá Noel no apartaba los ojos de aquel... de aquel...

¡QUÉ GENIAL SERÍA QUE EL PEGAMENTO DE LOS SELLOS SUPIERA A CHOCOLATE, MENTA O FRAMBUESA...!

—¡Venga, jefe! No se comporte como un niño... ¿No ve? Esa cosa se está acercando a usted para darle... ¡algo!

Efectivamente, el balón se había incorporado sobre las patas traseras y llevaba entre los dientes una carta.

—¡El mensaje! —aún tembloroso, Papá Noel se inclinó un poco para recibirlo—. No... no me morderá, ¿verdad? —preguntó, preocupado.

—Tranquilo, jefe. De todas maneras, yo no sentiré nada...

Papá Noel recogió el papel con el pulgar y el índice y luego lo sacó con cuidado de la boca de... aquella cosa.

—*Bram bram...* —dijo esta, luego volvió a ponerse a cuatro patas y a hacerse un ovillo delante de la chimenea.

Papá Noel se rascó la barba, se puso cómodo, abrió el sobre y se aclaró la voz para leer.

Hola, Súper Claus:

Me llamo Anita y quería decirte que... yo no te he visto nunca, pero encontré tu tarjeta pegada a mi regalo de Navidad. Este año he recibido la caseta que había pedido para mi monito, Coco. Pero no podré usarla, porque mi padre y mi madre no quieren tener animales en casa. Yo, en cambio, sí quiero, tengo muchas ganas. ¿Me puedes ayudar? Vivo en la ciudad de Río Branco, en Brasil. Te espero aquí. Gracias. Esta es mi casa:

Adiós,

Anita

P.S: esta carta te la entrega mi amigo armadillo. Espero que no te hayas asustado: a veces, por la emoción, se hace una bola.

—*¡Ho, ho, ho!* ¿Asustado yo? ¡Qué tontería! Un armadillo, ¡claro! Eh, Rendy, ¿qué es un armadillo?

—Pues... eso de ahí, ¿no? —y el reno señaló la criatura acurrucada frente al fuego.

—Sí, claro, ¡muchas gracias!

—Quería decir que es un animal con escamas, cuatro patas, hocico, nariz, ojos, boca, algunos pelillos... y que se hace una bola. Ah, se me olvidaba: dice *bram bram.*

—Gracias, Rendy. ¡No sé qué haría sin ti!

—Pero ya basta de cháchara, jefe. Anita te necesita. Quiero decir, necesita a...

—¡¡¡SÚUUPER CLAAAUS!!! —gritó él lo más fuerte que pudo mientras se metía en la despensa.

Se acordaba de que había dejado allí el traje después de la última misión.

¡Ya se sabe que para ayudar a un niño en apuros hacen falta muchas energías!

—¡Que la fuerza de los donuts me acompañe!

Y se puso el traje.

—¡Que la astucia de este bocadillo guíe mis pasos! —y se puso por encima los grandes calzoncillos.

—¡Que el poder de la lasaña me ayude! —y con las botas y la capa, la transformación se completó: en la despensa entró Papá Noel, y de ella salió Súper Claus.

—Y ahora, vamos, más rápido que un atracón de arándanos.

Se puso a correr y llegó, todo sudado, al Fantastrineo, aparcado a dos pasos de reno de su casa.

—¡Es por culpa de estas mallas de lana, son demasiado gruesas! —se apresuró a decir.

—¡Pero qué lana ni qué lana! —lo corrigió Rendy, que ya estaba a los mandos, preparado para partir—. Es de tela liviana ultraligera, tú mismo pediste que fuera así.

—¡Pero pica!

—¡Ráscate!

—Estoy agotado de la carrera.

—Has comido demasiado.

—Estoy haciendo la digestión.

—¿¿¿Nos vamos???

—¡Sí!

—Entonces, ¡te tienes que montar!

—¿Me ayudas?

—¡Yo me ocupo! —era la voz de Herbert, que pasaba por allí para entregar dos grandes sacos de cartas y había visto a Súper Claus salir de casa.

Se agachó y trató de empujarlo dentro.

—¡Aúpa! ¡Aúpa! Pero, ¿qué haces? Te noto blandengue.

Súper Claus se había adormilado.

—¿Qué? —dijo—. Ah, sí... perdona... como has dicho que te ocupabas tú, me he puesto a descansar un poquito...

Tras un empujón y un tirón, Súper Claus montó en el Fantastrineo. A bordo se encontró con Bruna, que estaba comprobando que todo estuviera en orden. Parecía un poco enfadada.

—¿Qué es esa cosa? —preguntó, señalando el chicle rosa que tapaba el agujero del parabrisas.

—¿Eh? ¿Qué? ¿Esa delicada mancha rosa sobre el cristal, dices? —Súper Claus, aún jadeante, intentó tragar saliva—. Debe de ser un efecto óptico de la luz.

—¿Por casualidad no habréis intentado reparar el cristal... con chicle?

Como se les estaba haciendo tarde, Rendy pensó que lo mejor era cambiar de tema.

—*Snif, snif,* Bruna, ¿tú también notas ese olor a donuts con virutas de colores quemados?

La osa bajó inmediatamente del bólido de un salto, aunque aquella vez no conseguía recordar exactamente qué había metido en el horno.

A la carrera, chocó contra Herbert, que se había quedado por allí para ver la partida del trineo.

El estruendo del gran ventilador les impidió escuchar bien lo que Súper Claus les gritaba desde la ventanilla.

—¡Lo sien... pero tú no puedes... ir... ahor... tu trabajo, ...ndy y yo... ni... ña... nos vem... a la vu... lta!

—¡De acuerdo, Súper Claus! —gritó Herbert en respuesta—. ¡Hasta pronto! ¿Creías que yo también quería ir con vosotros? Pues claro que no, cómo iba a... menudas ocurrencias... ¡adiós!

Y... *¡FIIIIIIIIUUUUUUUUUU!*

Y, AHORA... ¡A PEDALEAR!

Herbert acababa de dejar delante de la puerta de Papá Noel dos grandes sacos de cartas y se disponía a volver a casa a ordenar su colección de sellos raros cuando, de repente...

El Fantastrineo apareció de la nada, frenando bruscamente y deteniéndose a pocos centímetros de él.

—*Ho, ho, ho,* querido Herbert... ¿hace buen día, verdad? —le dijo Súper Claus mientras descendía del trineo volador.

—Buenísimo, amigo mío —respondió el cartero—. Pero qué...

Súper Claus salió corriendo, volvió un segundo más tarde y subió de nuevo la escalerilla del bólido. Bajo el brazo llevaba un extraño objeto esférico, escamoso y levemente peludo.

—¡¿Eh?! ¡¿Me puedes explicar qué...?!

Herbert no recibió ninguna respuesta, y, por segunda vez aquel día, se quedó con la boca abierta y un palmo de narices.

—Increíble. Tantas prisas para ir a jugar al balón...

A bordo, mientras tanto:

—Casi, casi nos lo olvidamos, Rendy, te... ¿te das cuenta?

—Sí sí, jefe jefe, me me doy doy cuenta cuenta.

—Pero ¿qué estás haciendo? ¿Ahora hablas doble?

—Pero, jefe, ¡si has empezado tú!

—¡Por todos los armadillos cuadrados del Polo Norte, hay veces que no te entiendo...!

—¿Te apetece un donut?

—Sí, ¡y dos también! ¡E incluso siete! Y también uno para el armadillo.

Rendy programó la fabubrújula: destino, Sudamérica, Brasil, ciudad de Rio Branco, casa de Anita.

—La dirección es correcta, jefe. Sobrevolaremos rápidamente el Océano Atlántico, luego giramos un poco a la derecha y, *voilà*. Tan fácil como desenroscar un armadillo hecho una bola... Pero... pero me parece que no reconozco ese nuevo sonido que sale de detrás...

—Puuuuf... Pop pop pop puuuuuf... PACHÚ PACHÚ...

—Ho, ho, ho, Rendy, ese es el típico sonido que hace un motor que pierde fuelle. Parece que no te lo has estudiado bien...

—Entonces, jefe, me estás diciendo que... ¿¿el motor pierde fuelle??

—Pues claro que sí, a ver, si te lo acabo de explicar, ¿no? *¡Oooooooohhhhhh!*

—¡Perdemos altitud! —Rendy tenía los ojos clavados en el parabrisas.

—Voy a llamar a Bruna... ¿Hola, Bruna? El motor... pierde fuelle, hace *puuuuf pop pop... PACHÚ PACHÚ...* ¿¿qué hacemos??

La osa, al otro lado del teléfono, se vio en la obligación de responder con cierta premura, porque sus pastelillos caramelizados estaban en el horno:

—A ver, Súper Claus, presta mucha atención...

—¡¿Bruna?! Bruna, habla más alto... ahí, en tu casa, escucho como un chisporroteo...

Tuuuuuu, tuuuuuu, tu tu tu tu tu; la osa acababa de colgar.

—¿Entonces, jefe? ¿Qué tenemos que hacer? —preguntó Rendy, impaciente.

—Pues... creo que me ha dicho: «¿No querías Fantastrineo? ¡Pues ahora, pedalea!».

—¿Y eso qué significa? —el reno estaba cada vez más preocupado.

—No lo sé, no lo sé, ay, no lo sé —respondió Súper Claus que, cuando dirigió la mirada hacia Rendy, lo encontró en su posición de meditación profunda.

Unos segundos después:

—¡¡¡Ya lo tengo!!! —gritó, volviendo a abrir los ojos—. Allí, detrás de la cortinilla... ve allí, amigo, y empieza a pedalear.

—¿Te has vuelto loco, Rendy? ¿Te parece que este es momento de pensar en hacer ejercicio?

—Que no, que no, qué ejercicio ni qué ejercicio... esa bicicleta estática está conectada a una dinamo, ¿entiendes? El motor ha perdido energía, así que hay que recargarlo. ¿Es lógico, no? Bruna nos lo dijo: ¡¡¡el Fantastrineo es un medio de transporte ECOLÓGICO!!!

Súper Claus se sentó a horcajadas sobre el sillín y empezó a pedalear como un loco.

—Pues la verdad es que yo no tengo muchas ganas de ser ecológico... —ya le empezaban a caer los primeros goterones de sudor.

—¡Claro que tienes ganas! Menudo cuento... —dijo Rendy mientras el motor volvía a funcionar perfectamente—. ¡¿Encima no querrás contaminar el aire, generar residuos, ensuciar la naturaleza?! ¡Pedalea, pedalea, que te viene bien a ti y al mundo en que vivimos!

—¿Eh? Es un buen concepto, pero... ¿me relevarías? ¡¿Rendy?!

El reno había activado el piloto automático y se había adormilado en el puesto de control. Tenía en brazos al armadillo, plácidamente dormido él también.

Súper Claus pedaleó y pedaleó hasta que los pedales se calentaron tanto que se podría haber cocinado un huevo a la plancha sobre ellos.

Por fin, el sistema robotizado entró en funcionamiento y un pequeño altavoz sentenció:

—*Iuuuuuu, iuuuuuu, iuuuuuu.* Recarga de la dinamo completada. Puede descender del sillín.

—*¡Ahhhh, uaaaaaaaa!* —Rendy se acababa de despertar y se estaba desperezando—. Anda, mira, si prácticamente hemos llegado. Casi sin darnos cuenta, ¿eh? Ah, la tecnología moderna.

Súper Claus lo escuchó, inmóvil desde el sillón en el que se había desplomado, sin conseguir ni siquiera mover un músculo. Tan solo un párpado empezó a temblarle ligeramente.

—¡Arriba, jefe, arriba, levántate! ¡Mira abajo, qué maravilla!

Efectivamente, el espectáculo que podía presenciarse desde la ventanilla era extraordinario: parecía la hermosa obra de un pintor que hubiera usado todos los tonos de verde del mundo.

Aquí y allá, entre marañas de ramas, hojas y hierbas de la selva amazónica, asomaban el azul y el celeste de los ríos, que tenían formas de fantasía.

—*¡Ho, ho, ho!* Nunca había visto algo así

—¡Realmente es un lugar increíble!

Con el ojo prácticamente dentro del telescopio, Súper Claus se puso a inspeccionar en todas las direcciones: ¡Anita estaba allí abajo, en algún lugar, esperándolo!

—¿Sabes?, creo que he visto la ciudad, ¡allí abajo, al fondo! —informó en aquel momento—. Sí, sí, eso que veo debe de ser el centro de Rio Branco. ¡Es un círculo perfecto! ¡Echa un vistazo tú también, Rendy!

—Eh, jefe, no quiero desilusionarte, pero...

Un gran y colorido tucán de pico amarillo y negro se había posado frente al extremo opuesto del telescopio para descansar un poco. Súper Claus y Rendy estaban mirando... ¡sus pupilas!

—Vale, vale, de acuerdo, eres una criatura estupenda... como yo, de hecho, ¡pero tengo que encontrar a Anita!

—¡Allí abajo, Súper Claus! ¡ESO es Rio Branco! —señaló Rendy por fin.

La ciudad estaba bañada por la cálida luz de las últimas horas de la tarde.

A los ojos de Súper Claus, la ciudad parecía una tarta glaseada servida sobre una gigantesca bandeja verde.

—¡Hemos llegado! No sé por qué, pero este lugar me inspira... Rendy, acércate despacio.

EN UNA SELVA MUY... MISTERIOSA

Planearon a través de una espesa maraña de ramas y plantas de todo tipo y Rendy aterrizó a las mil maravillas en un pequeño claro junto al río.

—Aterrizados, jefe. ¡Ahora es tu turno!

Súper Claus tenía ya un pie puesto en el primer peldaño de la escalerilla.

—¡Gracias, Rendy! —exclamó al tiempo que apoyaba el pie en el segundo escalón—. ¡Comienza una nueva aventura! —y bajó al tercer peldaño—. Allí donde los niños necesiten ayuda, estoy yo... —pie derecho, cuarto escalón.

—Eh, jefe, muy bonito todo eso que estás diciendo pero... ¡esto no es el aterrizaje del hombre sobre la Luna! Anita te espera... ¡¡¡Vamos!!!

—¡Por todos los tirantes de ante del Polo Norte, llevas razón! ¡Me voy!

Por fin, tocó tierra.

—*Mmm...* Es más blanda de lo que yo pensaba, esta selva amazónica. De hecho, me estoy hundiendo.

¿Había ido a parar a una zona de arenas movedizas?

—*Aaahhh,* Rendy, me traga, me atrapa, me chupa... y, además, ¡pica! ¡Haz algoooo!

Rendy, sin embargo, ya se había ido. El estruendo del Fantastrineo retumbaba sobre su cabeza.

—¡Adiós, mundo cruel! —estaba diciendo Súper Claus con las manos cruzadas sobre el pecho y la mitad del cuerpo hundida en la arena.

De repente, sin embargo... *¡PLONC!*

—*Ayayay* —gritó mientras notaba cómo empezaba a salirle un chichón en la cabeza.

El armadillo, que acababa de bajar del Fantastrineo, llegó en el momento adecuado al lugar adecuado: rebotó en la hierba y se abrió. Súper Claus leyó el papelito que tenía en la boca: «¡Sígueme!».

Y así hizo: se agarró al rabito del animal que, poco a poco, lo sacó a rastras del barro.

Avanzaron en fila por la vegetación: el pequeño trotando delante, el grande detrás; la vegetación era tan frondosa que los rayos de sol apenas la atravesaban.

Súper Claus, en aquella penumbra, se sobresaltaba ante cualquier ruido sospechoso, cualquier sonido desconocido proveniente de quién sabe dónde.

—*Uhhh uhhh uh, uhhh uhhh uh.*

—¡Alto ahí, animalejo! —y, en posición de *ninja,* se preparaba para el ataque—. Seas lo que seas, detente o... o... ¡disparo! —y, al decir aquello, señalaba a algún sitio con el índice y el pulgar levantado, como en las películas del oeste.

—*Grrrr... Roarrr...*

—Eh... si paras, prometo darte todos los bocadillos de mis provisiones.

—*Bram bram.*

—*Aaahhh,* ¿y ahora qué tengo entre los pies? —y dio un salto que le hizo parecer un cohete a propulsión.

Aferrado a una liana, miró hacia abajo: era el armadillo. Le estaba avisando de que... ¡ya habían llegado!

Súper Claus alzó la vista y vio algo increíble: ¡a pocos pasos de allí comenzaba la ciudad de Rio Branco!

La vegetación terminaba bruscamente para dar paso al asfalto de una gran carretera. Los árboles habían sido sustituidos por edificios altos y modernos. Era un continuo vaivén de coches, camiones y personas en bicicleta.

—¡Oh, no, bicicletas no! —exclamó Súper Claus, llevándose instintivamente una mano a las lumbares—. *Ho, ho, ho,* así que aquí es donde vive Anita.

Súper Claus cogió al armadillo en brazos y se lo ató bajo la capa para no perderlo. Hecho una bola bajo la tripa, la verdad es que casi ni se notaba.

Súper Claus dio un salto grácil… se agarró a la ventanilla de un taxi blanco y azul y se tumbó sobre el techo, que se abolló visiblemente bajo su peso. Dentro se veía al conductor y, sentada en la parte de atrás, a una ancianita que rezongaba:

—Ay, estos coches modernos —iba diciendo—. Rápidos y bonitos, pero son tan incómodos, tan estrechos…

Súper Claus permaneció agarrado a la carrocería, con los dedos dentro de las ventanillas.

Se precipitaba por las calles de la ciudad con la barba, los bigotes blancos y la capa al viento.

Cuando llegaron al primer semáforo en rojo, Súper Claus bajó de la capota de un salto. Sacó

al armadillo de debajo de la capa y lo depositó en el suelo a él también.

—Bueno, entonces... mi instinto me indica que la casa de Anita está... ¡por allí!

—*Bram bram...* —el armadillo empezó a mover la cabeza de un lado a otro.

—*Ho, ho, ho,* entonces... mi instinto me dice que... ¡por aquel lado!

Y la cabeza del armadillo hizo no, no, no.

—*Ho, ho, ho,* a la tercera va la vencida, ¡mi instinto no falla nunca! ¡Vayamos en esa dirección!

Súper Claus esperó unos segundos: la cabeza del armadillo no se movió. Entonces, se pusieron en marcha. Atravesaron cinco manzanas, y Súper Claus se fijó en cuatro maravillosas pastelerías.

El sol descendía en el horizonte cuando por fin llegaron frente a la casa de Anita.

EL ARMADILLO ES UN ANIMAL QUE, CUANDO SE HACE UNA BOLA, OCULTANDO LA CABEZA Y LAS PATAS... ¡ESTÁ MÁS QUE PROTEGIDO! ¡SUPERPROTEGIDO!

Era igual al dibujo que la niña había enviado con la carta: se trataba de una pequeña casita entre edificios altísimos. Tenía un pequeño jardín y, en el centro, un árbol también pequeño.

«¡Ya estamos! ¿Estará durmiendo a estas horas?», pensó Súper Claus mientras se acercaba muy lentamente a una de las ventanas iluminadas.

Extrañamente, en cambio, en la casa había un gran jaleo. En la sala, un hombre y una mujer charlaban animadamente entre ellos.

—¡Pican, pican! —decían.

—*Ayayay,* ráscame aquí... y allí... pica... qué picor... *ayay.*

Ella tenía en la mano un gran aspirador encendido y él una escoba, y ambos daban botes sin moverse del sitio. No parecían para nada contentos.

«Qué manera más rara de hacer gimnasia tienen aquí en Brasil», pensó Súper Claus.

Con pasos sigilosos para que no lo escucharan, trató de acercarse a la otra ventana.

Ya casi estaba cuando, a sus espaldas, escuchó:

—*¡Psst, psst!* ¡Yo estoy aquí!

Súper Claus se dio la vuelta de repente.

—¡¿Quién está ahí?! —preguntó, pero no vio a nadie.

—¡Cucú! ¡Estoy aquí!

—*Ho, ho, ho,* ¿quién me llama? —preguntó Súper Claus, dando vueltas sobre sí mismo como una peonza.

¡Pim! Algo pequeño cayó desde arriba y le golpeó en la nariz.

¡Pim! ¡Pim! Otros dos golpecitos, uno en un hombro y otro en una oreja.

—*Ho, ho, ho,* llueven piedrecitas.

Súper Claus alzó la vista: una niña lo miraba con aire divertido, sentada a horcajadas sobre una rama; junto a ella tenía un montoncito de chinas...

—¡Tú debes de ser Anita! ¡Qué bonito es tu árbol!

—¡Gracias! Y tú debes de ser el empleado de la empresa de plagas. Menos mal que has venido, mis padres te estaban esperando.

—El empleado... de la empresa de plagas... Perdona, pero, ¡¿qué plagas?!

HORMIGAS... HORMIGAS... HORMIGAS...

—A ver, Anita, que te lo voy a explicar...

—No, no, no te preocupes —respondió la niña, observando divertida, desde lo alto, a aquel extraño señor—. Lo he entendido, ¿vale? Soy pequeña, pero no tonta. Llevas una máscara, guantes y un traje especial: ¡has venido por la plaga de hormigas!

—¡Oh, por todos los insectos con antenas del Polo Norte! Que no, que yo he venido aquí... ¡por ti! —y, diciendo aquello, se puso de puntillas. Estiró una mano y se presentó—: Hola, Anita, ¡yo soy Súper Claus!

Anita se quedó con la boca abierta unos cuantos segundos. Luego la volvió a cerrar y empezó a escrutarlo de la cabeza a los pies.

—¿De verdad eres Súper Claus?

—¡El mismo que viste y calza!

—Entonces, ¿las iniciales SC que llevas en el pecho no son las de «*Stop* Chinches y otros bichos molestos»?

—¡Claro que no! ¡Son las iniciales de Súper Claus!

La niña no parecía estar muy convencida y dijo:

—¿Y dónde se supone que tienes los músculos?

—¡Menuda pregunta! ¡Debajo del traje! Ahí tengo un montón de músculos.

—¿Y por qué tienes barriga?

—Bueno... ¡es útil para mantener los músculos calentitos!

—Pero... normalmente, los superhéroes no tienen michelines... ¿Y el pelo? ¿Dónde te lo has dejado?

—¡¿Eh?! ¡Ah, el pelo! He renunciado al cabello, ¿sabes?, por una cuestión de... ¡de aerodinámica!

Pero no había nada que hacer, Anita seguía dudando.

Súper Claus tuvo entonces una idea genial:

—Quédate ahí, no te muevas. ¡Vuelvo enseguida!

A aquellas palabras les sucedió una breve expedición de rastreo del jardín. Súper Claus volvió rápidamente con la niña y dijo:

—¡Ya está! ¡Mira lo que tengo aquí!

—¡Mi armadillo! —chilló Anita, cogiéndolo en brazos y besuqueándolo por todos lados—. ¡Entonces eres Súper Claus de verdad! Gracias por traérmelo de vuelta... y perdóname si no te he creído. Es que te imaginaba un poco más...

—¿Más qué? —Súper Claus no entendía a qué se refería.

—¡Más atlético! Pero no importa: ¡te he llamado y has venido!

Súper Claus se sonrojó de la cabeza a los pies, pero estaba oscuro y Anita no se dio cuenta.

—*Ho, ho, ho,* venga, ahora, antes de nada, explícame qué es ese extraño ejercicio que están haciendo ahí dentro de la casa.

—Esos son mi padre, José, y mi madre, Laura. Como te decía, están esperando al *desinfectador.*

—¡El des-in-fiesta-dor! *Mmm...* —repitió Súper Claus en voz baja—. ¡Pero yo no he visto ninguna fiesta!

—Pero ¡qué dices! El *desinfectador* no tiene nada que ver con fiestas. Él viene a echar a las hormiguitas que han invadido nuestra casa.

La niña, con gran paciencia, se dispuso a explicárselo:

—¡Ha sido todo por mi culpa! Esta mañana se me ha olvidado limpiar la fruta de mi habitación, y las

hormigas han notado el olor y han venido corriendo a comer. Pero había mucha fruta, y por eso han llegado un montón de hormigas y han invadido la casa... ¡y mi padre y mi madre no están ni un poquito contentos!

—¡Por todas las mermeladas de fruta del Polo Norte! ¡Eso era lo que estaban haciendo tus padres! ¡Combatiendo a las hormigas! Pero hay algo que no entiendo... ¡¿qué hacía toda esa fruta en tu habitación?!

—Siempre tengo fruta en la habitación... ¡para darle de comer a él! —respondió Anita como si fuera la cosa más evidente del mundo.

—¿Eh? ¿Quién es él, perdona?

—¡Él es Coco! —explicó Anita, señalando un punto detrás de Súper Claus.

Este se dio media vuelta, pero no vio nada.

—¡Mira bien, Súper Claus! —rio divertida Anita.

Él volvió a darse media vuelta, pero nada.

—¡Inténtalo otra vez! ¡Ja, ja, ja, qué divertido eres!

Aquella vez, Súper Claus se giró de repente y, con una sincronización perfecta, un objeto bastante pesado rebotó sobre su panza, luego sobre su trasero y luego de nuevo sobre la barriga: ¡un monito se estaba columpiando colgado de su capa! ¡Y parecía de lo más despierto! Cuando Súper Claus intentó cogerlo, el monito se agarró con agilidad al tronco del árbol y subió por la espalda de Anita.

—Te presento a Coco. Él es el amigo del que te había escrito. Lo llevo siempre a escondidas a casa. Me encantaría poder estar todo el rato con él pero... mi madre y mi padre no quieren.

—Ho, ho, ho, no sabes cómo te entiendo, Anita. Hace muchos años, yo... quiero decir, un muy buen amigo mío, quería llevarse a casa a su morsa preferida. Pero no lo consiguió porque... ¡no entraba por la puerta!

—Oh, vaya... qué historia tan triste... —Anita estaba a punto de echarse a llorar.

—¡No, para nada! Verás... ¡mi amigo ensanchó el hueco de la puerta y todo se resolvió inmediatamente!

—¿En serio? ¡Menos mal! —se animó la niña.

—Ya verás, Anita, como tú y yo, juntos, también encontraremos una solución para Coco —susurró Súper Claus, dedicándole una tierna caricia.

—¡Anita! ¡Anita! Entra en casa, ¡es hora de irse a dormir! —era la voz de su madre.

—Ahora me tengo que ir —dijo la niña—. Si quieres, puedes dormir aquí. Coco te hará compañía.

—¿Eh? ¡¿En este árbol?! Bueno... gracias.

Las luces de las ventanas siguieron encendidas todavía un rato. El *desinfectador* no llegó y la casa se sumió en el sueño.

Súper Claus no consiguió imitarlos: ¡en aquel árbol había poquísimo espacio! Estaba tan apretujado que, si estiraba una pierna, la otra no le cabía; si apoyaba la cabeza, la rama se doblaba y se arriesgaba a que el armadillo cayera rodando. Sin contar con el monito, Coco, que dormía agazapado sobre su barriga, y roncaba ruidosamente.

—¡Por todos los somieres de muelles del Polo Norte! Tengo que descansar para poder ayudar a los niños. Necesito una idea... —decidió probar el método de Rendy: se sentó con las piernas cruzadas y los ojos cerrados—. *Ho, ho, ho,* parece que funcionaaaaaa... —Súper Claus aún no había aprendido a lidiar con la falta de equilibrio de aquella postura de yoga. Cayó al suelo y...—: Aho-

ra, al menos, estoy en posición horizontal... buenas noches, querido armadillo, buenas noches, Coco... *ZZZZZZZZZ.*

Se quedó allí echado, como una salamandra en la hierba, hasta la mañana siguiente, cuando...

—*Snif, snif...*

Su narinas fueron invadidas por un delicioso aroma y despertaron a su estómago, que a su vez hizo que la boca de Súper Claus empezara a salivar...

Abrió los ojos y...

—¡Este es el mejor sueño que he tenido en mi vida! —exclamó.

En el suelo, frente a su nariz, había una bandeja rebosante de pastelillos.

—Son bocaditos de coco, me los prepara siempre mi abuela... ¿Quieres probarlos? —preguntó Anita.

—*Ho, ho, ho,* si insistes... *Ñam, ñam...* ¿Dónde se compran estos bocaditos de la abuela?

—¡No, no se compran! ¡Mi abuela me los regala! Si quieres, le puedo pedir que me haga más.

—Ah, no, qué va, no molestes a tu abuela... aunque en realidad, sí, gracias. Pobre viejecita, así al menos tendrá algo que hacer para pasar el tiempo...

Una vez vaciada la bandeja, Súper Claus se sintió más sereno.

—Ven aquí, Anita. Esta noche he estado pensando mucho, ¿sabes? Lo primero que tenemos que hacer es resolver el problema de las hormigas.

—Tienes razón. Esta mañana mi padre ha encontrado hormigas en el tubo de pasta de dientes y mi madre ha estado a punto de comerse una que estaba en los cereales del desayuno.

—Anita, estaba pensando que hay un método infalible.

—Ya sé. ¿Las harás desaparecer soplando con la gran potencia de tus pulmones? —preguntó Anita con los ojos abiertos de par en par.

—No, no era eso...

—Entonces, usarás el poder de tu mente: ¿las hipnotizarás y las harás salir en fila india por la puerta?

—¡¿Eh?! No, la verdad es que...

—Vamos, Súper Claus, ¡¿no me digas que pretendes incinerarlas con tu famoso rayo láser?!

—Pues, Anita, yo estaba pensando en algo más... tradicional. ¡Un oso hormiguero, por ejemplo!

UN CASTILLO DE HORMIGAS

La idea del oso hormiguero cautivó inmediatamente a Anita:

—¡Sí, qué bien! ¡Has tenido una idea fantástica!

—Modestamente, soy súper de dicho... y de hecho. Bueno, entonces, vamos. ¡Sígueme!

—Vale, pero... ¿por qué vamos por aquí?

—Es el camino más corto hacia el centro, ¿no? Solo tenemos que encontrar una tienda de animales: tan fácil como preparar un sándwich de queso.

—Pero son como los osos hormigueros los bocaditos de coco de la abuela, ¡no se compran en una tienda!

—¿Ah, no? —dijo Súper Claus, sorprendido—. ¿Y de dónde lo sacamos, entonces? ¿Tenemos que ir a buscarlo a casa de tu abuela?

—Ja, ja, ja, ¡realmente eres divertidísimo! Venga... sé que estás intentando tomarme el pelo —dijo Anita, riendo.

—¿Eh? Pues claro que estaba bromeando, me has pillado... Venga, entonces vamos. Por favor, ve tú delante, que me tengo que rascar el dedo meñique del pie...

—Vale, hagamos eso... —Anita depositó a Coco en el suelo, que hasta aquel momento estaba adormilado en su hombro, y le susurró algo al oído—: *Psss, psss* y *psss.*

El monito se puso a trotar delante de ellos, que se dispusieron a caminar tras él,

pero luego tuvieron que ponerse a correr para mantenerle el paso. Atravesaron dos manzanas y se metieron por un sendero, al costado de una carretera asfaltada, que llevaba al lugar donde empezaba la selva.

—¡Por fin se ha parado! —Súper Claus estaba doblado sobre sí mismo, con las manos en las rodillas—. Anita, *uf, uf,* ¿estás cansada, quieres descansar un momento?

—¿Yo? ¡No, para nada! Además, mira...

El mono estaba completamente quieto y tenía los ojos clavados en un punto frente a él.

—¡Es por esa dirección! ¡Ven!

La niña agarró de la mano a Súper Claus y atravesaron juntos un tramo de maleza muy espesa antes de adentrarse en la selva. Coco, en cambio, decidió dar media vuelta.

—¡Ahora solo tenemos que encontrar un claro! —exclamó, muy contenta.

—¿En serio? Eh... ¿y hay algo de comer, en ese claro?

—¡Por supuesto! ¡Por eso vamos allí!

—Pues entonces yo quiero una bandeja de donuts grande, y una de bocadillos más grande todavía. ¡Gracias, Anita!

—Ja, ja, ja. Ay, madre, tú sí que sabes cómo hacer reír a los niños. ¡Te quiero mucho, Súper Claus! —Anita caminaba al tiempo que reía, divertida.

—*Glups...* Lo sé, lo sé, ya lo sé que soy muy divertido. Pero me has dicho que en el claro habrá algo de comer, ¡¿verdad?!

—Naturalmente. Allí —Anita ahora estaba muy seria y hablaba de algo que conocía muy bien— hay hormigas y termitas, así que...

—¿No pretenderás quedarte allí a merendar, verdad? ¡Las hormigas pican!

—Pues claro que no, cómo se te ocurre. Se ve que vienes de muy lejos... Quería decir que si hay hormigas y termitas, también habrá...

—¡¡¡Osos hormigueros!!! Llevas razón, es lógico, Anita. Lo he intuido desde el principio, ¿sabes?, pero no quería quitarte la satisfacción de...

—¡Allí, mira allí!

—¡Por todos los cubos de playa del Polo Norte! —exclamó Súper Claus, entrecerrando los ojos para enfocar mejor—. ¿A quién se le habrá ocurrido hacer un castillo de arena justo aquí?

—¡Eso no es un castillo, Súper Claus! ¡Eso es el nido de las hormigas! ¡Un hormiguero!

Súper Claus corrió rápido como un rayo a tumbarse entre la maleza para esconderse.

—¡Ven aquí abajo tú también! ¡Agáchate todo lo que puedas! ¡Tenemos que hacernos in-vi-si-bles! —le susurró en voz muy bajita.

Anita obedeció inmediatamente aquella orden.

—Vale, ya está, pero no entiendo... ¿No me habías dicho que solo te puedo ver yo, porque tienes mi carta en el bolsillo?

MUCHAS HORMIGAS ADORNAN LA ENTRADA DE SUS HORMIGUEROS CON OBJETOS QUE ENCUENTRAN POR EL CAMINO.

—Ah, sí, claro, ¡por supuesto! Yo me agacho solo por... solidaridad.

Anita abrazó con fuerza a Súper Claus.

—¡Vaya, sí que eres generoso!

Súper Claus todavía estaba nervioso cuando, aún más rápido que antes, se incorporó repentinamente y empezó a correr.

—¡Espérame ahí, lo he visto, lo he visto! ¡Tenía el típico pelaje blanco y negro de los osos hormigueros! ¡Voy, lo cojo y te lo traigo!

Anita vio desaparecer a Súper Claus entre la vegetación siguiendo... algo.

—¡Ahí estás, ahí estás, te voy a atrapar! ¡Te tengo! ¡Eres... mío! —su voz sonaba cada vez más lejana y tenue.

Súper Claus, tras recorrer a la carrera, desbocado, unos cien metros, se detuvo de repente.

Alcanzaba a verlo detrás de un gran arbusto de bayas rojas... contuvo la respiración y se acercó lo más sigilosamente que pudo...

Poco después, Súper Claus dio media vuelta y, con la cabeza gacha, volvió con Anita.

—No sé cómo ha podido pasar pero... se me ha escapado —empezó a decir, frotándose las manos, cuando se dio cuenta de que la niña estaba con... ¡un oso hormiguero!

—¡Aquí estás, Súper Claus! Mira lo que he encontrado.

Anita le explicó que, como a los osos hormigueros les gusta comer de noche y dormir de día, tapados por su espesa cola, había ido a buscar uno entre la maleza y lo había encontrado casi inmediatamente.

—¡*Ho, ho, ho,* qué niña tan lista! Pero, ahora, deja que me encargue yo. ¿Sabes?, podría ser... un poco peligroso...

—¡Ven, pequeñín! *Misi misi misi, pitas pitas pitas* —Súper Claus no dejaba de hacer ruidos raros para intentar convencer al oso hormiguero de que lo siguiera.

La criatura peluda, sin embargo, no le hacía ni caso.

—Podrías usar esto... —sugirió Anita, sacando del bolsillo de su vestido una bolsita de plástico.

—¿Eh? —dijo Súper Claus al tiempo que la recibía—. ¡Puaj! ¡¿Qué me has dado?!

—¡Son las lombrices que mi padre usa cuando va de pesca! Solo tenemos que ir dejándolas caer detrás de nosotros, y ya verás como al oso hormiguero le entra hambre y nos sigue para comérselas.

—Vaya, eres una niña de lo más previsora —dijo Súper Claus. Y, en voz baja, añadió—: Hormigas, termitas y... ¿lombrices? Rica dieta la de nuestro amigo.

El oso hormiguero iba succionando las lombrices con su larguísima lengua a una velocidad impresionante y, en menos de un periquete, estuvieron de vuelta en la puerta de la casa.

—¡Cógela!

—¡Pero pica!

—¡Pues pícala tú a ella!

—Pero ¿qué dices?

—¡Mira, aquí está!

Eran las voces de los padres de Anita, que seguían siendo asediados por aquellos molestos insectos.

—Venga, ahora. ¡Ya verás lo contentos que se ponen! —susurró Súper Claus a Anita al tiempo que le daba una palmadita en la espalda, invitándola a entrar.

—¡Hola, papá! ¡Hola, mamá! ¡Mirad lo que os he traído!

Laura y José dejaron caer al suelo la escoba y el aspirador respectivamente.

Se pegaron al marco de la puerta para dejar paso al oso hormiguero.

—*¡AHHH!* ¡Anita, qué es esta cosa! —gritaron al unísono.

—Pues... es un... ¡superlimpiador!

El oso hormiguero olfateó el aire con su larga nariz y empezó a perseguir inmediatamente las largas filas de hormigas: *slap, slap, slap,* la lengua entraba y salía a la velocidad de la luz de su minúscula boca.

Media hora después, de las hormigas no quedaba ni rastro. Laura y José tuvieron que empujarlo por la cola para que cupiera por la puerta, de lo mucho que se le había hinchado la barriga.

—Se parece un poco a la morsa aquella de tu amigo... —susurró Anita al oído de Súper Claus.

¡AAAAAAHHH! ¡¡¡COMO ANIMALES!!!

Anita corrió a casa y saltó rápidamente a los brazos de su padre.

—¿Has visto lo bien que lo he hecho?

—*¡Muuua!* La verdad es que has tenido una buena idea, pero… pero… ¡ahora hay otro problema!

—¡Puaj! ¡Caca de oso hormiguero! ¡Hasta en las zapatillas de andar por casa! ¡Y en la batidora! Anita, ¡ven aquí inmediatamente! Esta manía tuya de tener animales… ¡no está bien!

Aquella vez la madre estaba armada con cubo y fregona: el oso hor-

miguero se había comido todas las hormigas pero, a cambio..., les había dejado regalitos por todas partes.

—Te lo diré una última vez: ¡no quiero más problemas con esta historia de los animales! Ni monos ni monas, EN CASA NO quiero ver NI UN animal más. ¿Entendido?

—Sí, mamá, lo he entendido...

Anita salió de la casa llorando, y Súper Claus la siguió hasta que estuvieron bajo el árbol. El largo silencio que se sucedió fue únicamente interrumpido por la voz de José:

—*Ayayayay,* me pica aquí abajo. Ráscame, ráscame, Laura, un poco más arriba, un poco más a la derecha... *ayayayayay.*

Laura soltó la fregona para alcanzar el rascador. Su marido acababa de descubrir que era alérgico al pelaje de los osos hormigueros.

—¿Has visto? No doy una... —Anita, con los ojos cerrados, se sonó la nariz con la capa de Súper Claus.

—¡Por todos los pañuelos a cuadros del Polo Norte, ya verás como encontramos una solución!

Run run run run... El cerebro de Súper Claus trabajaba a máxima potencia.

«*Ho, ho, ho,* tengo que encontrar una solución», pensaba poco después, mirando a través de la ventana de Anita que, en su habitación, estaba haciendo los deberes con un monito de peluche entre los brazos. Coco estaba fuera, columpiándose de una rama.

—¡Está vez sí que lo tengo! ¡Venga, Anita, vamos fuera! —Súper Claus le explicó su plan— : *Psss psss psss psss...* y, así, al final ¡todo el mundo estará contento!

—¡Sí, sí, qué bien! —Anita daba volteretas de alegría—. ¡Es una idea muy buena! ¡Buenísima!

—¡Lo sé, lo sé, ya lo sé! —dijo Súper Claus. De la alegría, él también dio una voltereta, pero se quedó con la cabeza encajada entre las piernas.

—¡Qué juego más divertido te has inventado! —lo imitó Anita, que se puso a dar vueltas alre-

dedor del árbol con la cabeza entre las piernas.

Afortunadamente, fue a chocarse contra Súper Claus, que se liberó del nudo.

—*¡Auch!* Por ahora, basta de juegos. ¡Hay que comenzar con el plan B!

Dichas aquellas palabras, los dos se separaron: Anita corrió a casa y, de debajo de la cama, donde la tenía escondida desde el día de Navidad, sacó la caseta para Coco que había recibido como regalo de Papá Noel. Luego fue al almacén de su padre y, con cuidado de que no la viera nadie, cogió el contenedor de los cebos de pesca.

—¡Ya está! —exclamó, complacida, mientras depositaba su botín bajo el árbol—. ¡Coco y el oso hormiguero ya están listos!

—¡Yo también lo estoy! *Ayayay* —dijo Súper Claus, un poco menos complacido, a la vuelta de su misión.

Había ido a la selva... y había vuelto con un precioso tucán de colores bajo el brazo derecho,

y, bajo el izquierdo, traía una iguana que le estaba hurgando la oreja con su larga cola.

—¡Guau, qué fuerte eres! —gritó la niña cuando lo vio volver—. ¡¡¡Sabes hacer hasta efectos especiales!!!

Súper Claus parpadeaba, sí, porque el tucán, con su gigantesco pico, no dejaba de tirarle de la coletita de la barba que activaba la invisibilidad.

—¡Todo esto lo hago... por ti! —y, tras depositar en el suelo a aquellos dos hostiles animales, él también se tumbó, exhausto.

—¡Anda, si llevas calzoncillos de caballitos! ¡Ja, ja, ja! —rio la niña, señalando un llamativo desgarrón en el trasero del traje de Súper Claus.

—¿Eh? Pero no son caballitos... ¡son renos!

—respondió él, y añadió—: Perdona, ¿me podrías traer hilo de coser y, quizá..., alguna tirita? —efectivamente, había salido de la selva con algún que otro raspón y unos cuantos arañazos—. *¡Ho, ho, ho,* ya tenemos todo lo que necesitamos!

—¡Sí! ¡El zoo en miniatura bajo el árbol ya está casi terminado!

A Súper Claus se le había ocurrido que, si Anita no podía tener animales en casa, podría tenerlos... ¡fuera! Todos juntos, para que jugaran y se hicieran compañía.

Así, en el verdor del césped, Súper Claus disfrutó del espectáculo de Anita, que jugaba con sus amigos: un vaivén de caricias, comida y volteretas.

«Un niño feliz, alegría para mis ojos», pensaba Súper Claus cuando... ¡algo empezó a ir mal!

El tucán, que era muy curioso, había agarrado con el pico la cola de la iguana, y esta se estaba enroscando en la larga lengua del oso hormiguero.

—¡Por todos los nudos sin desanudar del Polo Norte, yo me ocupo! —exclamó Súper Claus, introduciendo las manos entre la maraña de plumas, escamas y pelos. Con un poco de esfuerzo, consiguió domar la lengua viscosa del oso hormiguero, y, haciéndole cosquillas bajo el ala, convenció al tucán de que abriera el pico.

—Eh... tranquila, Anita, lo tengo todo controlado —estaba manchado y pegajoso de la cabeza a los pies.

De repente, un *bram bram* lastimero retumbó por los aires: el armadillo, hecho una bola, rebotaba de un lado a otro. ¡Coco se lo estaba pasando en grande haciéndolo rodar!

Súper Claus observaba la escena atónito.

—¡Qué desastre, Súper Claus! —Anita lloraba de nuevo y contemplaba desesperada aquel lío—. Esto no va bien... Ellos no están ni un poquito felices.

La niña tenía a Coco en brazos que, entre tanto trasiego, se había hecho daño en una pata.

—¡No te preocupes! —dijo Súper Claus, sacándose del bolsillo un bote de crema *Sanasanita*—. ¡Ponle un poco de esto!

—Gracias —sollozó Anita, sorbiéndose la nariz—. Pero es mejor que lo lleve con mi tío João... él cura animales y vive aquí cerca.

Súper Claus agarró a Anita de la mano y la acompañó al veterinario. Afortunadamente, no era nada grave y, poco después, ya estaban de vuelta. Sin atreverse a meterlo en casa, Anita se subió al árbol con Coco y estuvo estrechándolo en sus brazos hasta que se durmió.

Súper Claus se quedó abajo. Se le rompía el corazón al ver a su pequeña amiga tan desconsolada.

«Mmm... me gustaría tanto poder ayudarla... pero ¿cómo?», murmuró para sí, dándose un pellizquito en la mejilla.

—¡Lo tengo! —exclamó, feliz, doblando los brazos para sacar molla.

Se sacó del bolsillo un puñado de bolsitas de papel (no le gustaba ir dejando por ahí restos de comida) y se acercó de puntillas a la ventana de la casa.

Infló la primera bolsa... y la reventó.

—¿Qué ha sido eso, José? —preguntó Laura, que estaba sentada en el sofá.

—No sé.

¡Pum!

—¡Salgamos a ver!

Súper Claus se había colocado debajo del árbol.

¡Pum!

¡Pum!

—Mira allí, parece que el ruido proviene de ahí arriba, del árbol...

José y Laura se encontraron mirando hacia la copa del árbol.

Y lo que vieron, en realidad, ¡no se lo esperaban en absoluto!

Anita estaba acurrucada junto a Coco y le estaba cantando una tierna nana para que se durmiera.

Entonces, Laura miró a José a los ojos, y luego, en silencio, recogió la caseta de Coco del suelo y la metió en la casa...

¡VIVA LA FANTAVENTURA!

«Y, entonces, mi padre construyó una trampilla en la puerta de casa. "Coco —dijo— podrá entrar y salir cuando quiera, porque mamá y yo nos hemos dado cuenta de que eres una niña responsable y sabrás ocuparte de tu monito".»

La profesora estaba leyendo en voz alta la preciosa redacción de Anita, con la que había sacado un magnífico diez.

Todos sus compañeros de clase estaban a su alrededor, preguntándole cosas de su monito, incluso los alumnos que, hasta aquel día, pensaban que Anita era un poco... ¡silvestre!

Apoyado en la pared del fondo del aula, Súper Claus tenía los ojos brillantes por la emoción.

—¡Misión cumplida! Niña feliz a la vista...

Esa misma tarde, Súper Claus y la niña se despidieron a la sombra del árbol del jardín.

—¡Supergracias, Súper Claus! Toma, te hará compañía... además, ¡yo ya no lo necesito!

—¿Eh? ¡Gracias, Anita, es precioso! —exclamó Súper Claus, abrazando el monito de peluche contra el pecho—. ¡Qué bonito, creo que para dormir lo

voy a abrazar... quiero decir... ¡creo que en una estantería lo voy a colocar!

Entonces, Anita también le dio un frasco de cristal.

—¡Por favor, ábrelo solo cuando te hayas ido!

Después de abrazar muy, muy fuerte a Anita, Súper Claus fue corriendo al claro donde se había citado con Rendy.

—¡Rendy, nos vamos!

—¡Hola, Súper Claus! Te estaba esperando.

El Fantastrineo partió y Súper Claus se acordó de repente de lo que Anita le había pedido. Abrió el frasco y...

La estela que dibujó el bólido aquella vez no fue como las demás: una nube de mariposas se espar-

EL VUELO DE LAS MARIPOSAS A VECES PARECE ERRÁTICO... EN REALIDAD, SUS MOVIMIENTOS DESORDENADOS AYUDAN A ESTOS INSECTOS A ENCONTRAR ALIMENTO Y EL CAMINO A CASA.

ció por los aires y, durante unos segundos, el cielo sobre Rio Branco se convirtió en un resplandor de ligeras y coloridas alas.

Haciendo visera con una mano para protegerse del sol, Anita contempló fascinada aquel espectáculo:

—¡Ya está, las ha liberado! Qué bonitas...

—¡Mejor que el cine!

—Sí, sí, Súper Claus, una partida realmente resplandeciente. Debe de ser una buena chica, esa Anita tuya... —Rendy tenía curiosidad por saber cómo le había ido a su amigo en la misión que acababa de terminar.

—*Ho, ho, ho,* una niña realmente especial... ¿Sabes?, en cuanto aterricé... *bla bla bla...* luego me he enfrentado a manos desnudas con un oso hormiguero... *bla bla bla...* me he subido a la cima de un árbol altísimo... *bla bla bla.*

Solo cuando terminó de contarle su Fantaventura, Súper Claus se dio cuenta de que Rendy... ¡había pedaleado todo el camino!

—Ay, Rendy... ¡debes de estar cansadísimo!

—*No problem,* jefe, necesitaba estirar un poco las patas... Yo en la selva me he hecho amigo de una manada de perezosos... muy simpáticos pero... ¡un aburrimiento de muerte!

—¡Ya me imagino! ¡Mira, ya hemos llegado! ¡Ese puntito de allí al fondo es mi casa!

El Fantastrineo aterrizó sobre la blanda nieve.

Súper Claus desembarcó con la intención de enseñarle a todo el mundo el monito de peluche de Anita pero... en aquel paraje no se veía a nadie.

—¡Hooola, amigos! *¡Yuuuujuuu!* ¡Hemos llegado!

Silencio.

—Herbert, ¡te he traído un sello rarísimo de una zarigüeya coja!

Pero del cartero no había ni rastro.

—¡Vamos, Herbert! Hice que lo lamiera el oso hormiguero especialmente para ti... ¿Se habrán ido todos a dormir? Pero si ni siquiera es hora de cenar.

—No sé, jefe. ¡Vayamos a echar un vistazo a la carpintería!

Vacía.

—¿En el establo de los renos?

Desolado y sin renos.

—¿¿¿Y si los marcianos los han abducido a todos???

—¡Ni un elfo a la vista! Y, ahora, ¿quién va a fabricar los juguetes? —Rendy se abrazó el pecho con las patas, preocupado.

—¿Y Bruna? Y... ¿y sus pasteles?

Deambularon tristes y sorprendidos del establo a la casa de madera, y luego decidieron ir a buscar a sus amigos un poco más allá. Se había levantado un frío viento ártico, y, mientras avanzaban con la cabeza gacha...

¡PAM!

—Ciel... *¡Ayayay,* qué golpe, jefe!

—*¡Ayayay,* qué leñazo!

Se habían chocado contra... ¡nada!

—¡Te lo he dicho! —se puso a chillar Súper Claus, que había terminado de culo en el suelo por el

golpe—. ¡Los marcianos! ¡Están aquí y no los vemos! Han abducido a todo el mundo y ahora nos abducirán también a nosotros...

—Tranquilo, jefe... —dijo Rendy, enarcando una ceja—. Quiero ver mejor... —y empezó a desempañar con la mano una superficie lisa e invisible frente a él—. Parece una pared, ¡completamente lisa!

—¡Rendy! —gritó Súper Claus—. ¿Has desaparecido?

Como si hubiera sido absorbido por otra dimensión, de repente el reno ya no estaba allí.

—Yo te salvaré... *¡oooooohhh!*

Súper Claus desapareció exactamente en el mismo punto en el que lo había hecho Rendy.

—¡SORPRESA!

Un estruendo de voces, vocecillas y vozarrones retumbó en el aire y en los oídos de ambos: Herbert, Bruna, los renos y todos los elfos estaban allí frente a ellos. Cada uno llevaba un gorrito rojo en la cabeza y silbatos, serpentinas y confeti en abundancia.

—Pero ¿dónde estamos? ¿De verdad estamos en Marte?

—¡No, señor! —Flock, el jefe de los elfos se acercó a Súper Claus y le metió en la boca un matasuegras—. ¡Estamos en el nuevo garaje invisible que Bruna ha construido para el Fantastrineo!

—¡¡¡Y esta fiesta es para celebrar que Rendy y Súper Claus, el mayor amigo de los niños, han vuelto!!! —añadieron todos los demás a coro mientras la osa le metía a Súper Claus en la boca una porción gigante de tarta de crema de arándanos.

—*Ñam...* ¡qué rica! *Píiiiii* —Súper Claus hizo sonar el matasuegras. Luego miró a sus amigos, se subió a la mesa de un salto y, con el brazo extendido y el índice apuntando al horizonte lejano, exclamó—: *¡Ho, ho, ho,* no he tenido ningún temor... porque, para Súper Claus...

¡SIEMPRE ES HORA DE UNA NUEVA AVENTURA!

No os perdáis los próximos episodios de

LAS AVENTURAS DE

SÚPER CLAUS

ÍNDICE

ATRAPAESTRELLAS
PUESTO DE AVISTAMIENTO EXTERIOR
DISTRIBUIDOR DE CHICLES CON MONEDAS
ORDENADOR PARA SEGUIR CURSOS DE COCINA
MAPAMUNDI ASTROLÓGICO